파이썬 3로 컴퓨터 비전 다루기

파이썬 3로 컴퓨터 비전 다루기

이미지 인식, 추적, 머신 러닝,
비디오 처리, 컴퓨터 비전 웹서비스

사우랍 카푸 지음

김정중 옮김

지은이 소개

사우랍 카푸 Saurabh Kapur

인드라프라스타 정보 기술원Indraprastha Institute of Information Technology, Delhi의 컴퓨터 과학과 학생이며 컴퓨터 비전, 수치 해석, 알고리즘 설계에 관심이 많다. 도전적인 컴퓨터 프로그래밍 문제들을 해결하면서 많은 시간을 보낸다. IoT 응용프로그램을 제작하거나 하드웨어에 납땜하는 것도 즐긴다.

여가 시간에는 크리켓을 하거나 관람한다. saurabhkapur96@gmail.com으로 연락할 수 있다.

기술 감수자 소개

윌 브레넌<small>Will Brennan</small>

런던에 살고 있는 C++ 및 파이썬 개발자며, 고성능 이미지 처리와 머신 러닝 응용프로그램을 개발한 경험이 있다.

https://github.com/WillBrennan에서 더 자세한 정보를 얻을 수 있다.

│ 옮긴이 소개 │

김정중(rightcore@gmail.com)

학습에 기반한 로봇의 동작 계획/생성으로 박사 학위를 받았고, 복잡한 환경에서 잘 움직이고 여러 작업을 잘하기 위한 로봇의 동작 계획/생성에 관련된 연구를 진행 중이다. 추적, 인식에 관한 여러 컴퓨터 비전 알고리즘을 구현하고 시스템을 구축했으며, OpenCV 라이브러리의 경우 0.x 버전부터 활용하고 있다.

취미로 사진 찍는 것을 즐기며, 컴퓨터 비전 기술을 바탕으로 상황을 인식하고 멋진 사진을 스스로 찍는 로봇을 틈틈이 만들고 있다.

최근 컴퓨터를 이용한 이미지의 인식률이 사람의 능력을 뛰어넘는다는 소식이 들려오고 있다. 이와 같은 기술 발전으로 매장에서 물건을 살 때 별도로 결제하지 않더라도 물건을 집는 장면을 인식해 자동으로 결제하는 아마존 고^{Amazon Go}와 같은 서비스가 생겨났고, 길/차량/사람/신호/표지판 인식 기술을 활용한 자율 주행 자동차가 등장했다. 이처럼 이미지에 포함된 정보를 추출해내는 컴퓨터 비전 기술은 여러 분야에서 핵심적인 역할을 하고 있으며, 이 활용처가 확대될 것이란 전망이 매우 우세하다.

이 책에서는 컴퓨터 비전을 쉽게 적용하기 위한 방법들을 소개한다. 이전에 컴퓨터 비전은 수학적 배경 없이 접근하기 어려웠지만, OpenCV와 같은 훌륭한 라이브러리들이 등장하면서 비전 알고리즘 내부 내용을 모두 이해하거나 직접 구현하지 않아도 컴퓨터 비전을 원하는 곳에 적용할 수 있게 됐다. 또한 이런 라이브러리와 더불어 프로그램을 쉽게 작성하게 해주는 파이썬을 사용하면, 컴퓨터 비전 활용이 더욱더 쉽다.

나는 물체 인식과 추적에 OpenCV를 활용해왔다. 처음 OpenCV를 활용하기 시작한 2005년쯤에는 직접 구현해 사용했던 많은 알고리즘이 현재 라이브러리에 포함돼 있다. 그리고 이 라이브러리가 파이썬을 지원함에 따라 C나 C++를 이용해 구현하는 것보다 생산성이 높아졌다. 그래서 요즘은 빠른 속도를 요하는 경우를 제외하고는 파이썬을 활용해 프로그램을 작성하고 있다. 좋은 도구의 등장은 원래 해결하고자 하는 문제에 더욱 집중해 빠르게 해결하도록 도움을 주고 있다.

이 책에서는 유용한 도구를 활용해 컴퓨터 비전이 어떻게 적용될 수 있는지, 쉬운 주제부터 복잡한 것까지 단계적으로 보여준다. 단순히 라이브러리 소개에 그치지 않고 이를 활용하고 통합해 실제 컴퓨터 비전 서비스의 구축 과정을 보여줌으로써 컴퓨터 비전이 실제로 활용되는 방법에 대한 아이디어를 얻는 데 무척 유용할 것이다. 또한 컴퓨터 비전에 대해 흥미를 느끼지만 어디서부터 시작할지 고민하는 독자에게도 도움이 될 것이다.

아무쪼록 컴퓨터 비전 기술을 활용해 자신만의 응용 예를 만들고자 하는 독자들에게 도움이 됐으면 한다. 그리고 컴퓨터 비전 분야에 대한 지속적인 관심을 바탕으로 책을 출판하면서, 해당 서적을 번역할 기회를 주신 에이콘 관계자 분들께 감사의 말씀을 드린다.

차례

컴퓨터 비전은 지난 몇 년 동안 상당한 진보를 이뤄냈다. 이러한 발전은 컴퓨터 과학뿐만 아니라 의학, 우주 탐사, 국방과 같은 다른 분야에도 큰 영향을 미쳤다. 연구자들은 컴퓨터 비전 기술을 이용해 이미지를 분석함으로써 미생물부터 수광년 떨어진 천체 입자에 이르기까지 다양한 분야에서 진전을 이룰 수 있었다. 컴퓨터 비전은 현재 많은 분야에서 유용한 연구 개발 도구로 사용되고 있다.

앞으로 컴퓨터 비전의 영향력은 더 커질 것이다. 가장 최근의 응용 사례는 무인 자동차다. 이런 혁명의 일부가 되려면 무엇보다 컴퓨터 비전 알고리즘을 이해하고 구현할 수 있는 것이 중요하다. 이 책은 파이썬에서 사용할 수 있는 세 가지 컴퓨터 비전 라이브러리(Pillow, scikit-image, OpenCV)를 소개한다. 예제와 코드를 통해 기본적인 이미지 처리, 모폴로지 연산, 복잡한 특징 검출 알고리즘에 관한 내용을 이해할 수 있도록 도울 것이다.

▌ 이 책에서 다루는 내용

1장. 이미지 처리에 대한 소개 이미지 처리의 기본적인 내용을 소개한다. 이미지 처리의 일반적인 사용 예부터 시작해 여러 이미지 처리 라이브러리의 설치 방법을 설명하고, 뒷부분에서는 이미지 읽기/쓰기 및 기본 이미지 조작 연산 방법을 설명한다.

2장. 필터와 특징 컴퓨터 비전에서 필터^{filter}와 특징^{feature}이 무엇을 의미하는지 간략히 설명한다. 이미지에 필터를 적용할 때 기본이 되는 합성곱^{convolution}부터 시작해 가우시안 블러와 중간값 블러 등의 일반적인 필터를 차례로 살펴본다. 후반부에서는 기본 이미지 특징을 설명하고 이 특징을 파이썬을 이용해 구현하는 방법을 다룬다.

3장. 특징들에 대해 더 알아보기: 물체 검출　지역 이진 패턴^{local binary pattern}과 ORB 같은 정교한 이미지 특징 추출 알고리즘을 소개한다. 이러한 알고리즘은 이미지에 있는 물체를 인식하고 동일한 물체가 있는 다른 이미지와 대응시키는 데 이용된다. 이와 같은 대응 알고리즘은 복잡한 컴퓨터 비전 알고리즘의 기초가 된다.

4장. 분할: 이미지 더 이해하기　이전 두 장과는 다른 주제를 다룬다. 이 장에서는 윤곽선 검출, 슈퍼픽셀, 워터쉐드^{watershed}, 정규화된 그래프 컷과 같은 이미지 분할 알고리즘을 살펴본다. 이러한 알고리즘은 구현하기가 매우 쉽고 거의 실시간으로 실행된다. 이미지 분할은 배경 제거, 이미지 이해, 장면 레이블 등의 실제 응용 예에서 사용할 수 있다. 최근에는 머신 러닝, 특히 딥러닝의 발전으로 인해 파라미터를 수동으로 거의 조정하지 않고도 좀 더 정교한 이미지 분할이 가능해졌다.

5장. 컴퓨터 비전과 머신 러닝의 통합　두 개의 다른 분야를 하나로 통합한다. 이 장에서는 머신 러닝 알고리즘을 이미지 처리에 어떻게 적용할 수 있는지 보여준다. 숫자 인식을 위한 고전적인 이미지 분류 프로그램을 구현한다.

6장. 신경망을 이용한 이미지 분류　앞 장에 이어서 신경망^{neural network}이라는 고급 머신 러닝 기법을 사용해 숫자 분류기를 구현한다. 케라스^{Keras}라는 새로운 라이브러리를 설치해 신경망을 구현한다.

7장. OpenCV를 이용한 컴퓨터 비전 소개　새로운 컴퓨터 비전 라이브러리인 OpenCV를 소개한다. 지금까지 다룬 모든 이미지 처리의 개념과 알고리즘을 다시 살펴보고 OpenCV를 사용해 구현한다.

8장. OpenCV를 이용한 물체 검출　여러 특징 추출 알고리즘을 설명하고 OpenCV를 사용해 구현해본다.

9장. OpenCV를 이용한 비디오 처리　이미지 대신 비디오로 작업하는 방법을 설명한다. 코드를 통해 비디오를 캡처하고 저장하는 법을 안내한 후 크기 조정 및 비디오의 색상 공간^{color space} 변경 등의 작업을 어떻게 수행하는지 설명한다. 마지막 절에서는 비디오에서 물체 추적을 구현하는 방법을 살펴본다.

10장. 컴퓨터 비전을 서비스로 제공하기 실제 서비스되는 컴퓨터 비전 시스템을 구축하는 방법에 대한 개요를 제공하며, 컴퓨터 비전 알고리즘에 필요한 인프라에 초점을 맞춘다. 간단한 컴퓨터 비전 서비스를 구현해보면서 구글 이미지^{Google Image} 검색과 같은 서비스가 어떻게 구축되는지 확인할 수 있다.

▌ 준비 사항

이 책에서 필요한 소프트웨어는 다음과 같다.

- 파이썬^{Python} 3.5
- Pillow 4.0
- scikit-image(skimage) 0.13.0
- OpenCV 3.2
- Sklearn 0.18
- 케라스 2.0
- Flask 0.12.2

▌ 이 책의 대상 독자

이 책은 파이썬에 대한 기본 지식을 바탕으로 컴퓨터 비전 알고리즘 구현의 기초 능력을 쌓고자 하는 개발자에게 적합하다. 또한 컴퓨터 비전에 대한 이론적 지식은 갖췄지만, 알고리즘 구현 경험이 부족한 개발자에게도 적합하다.

▌ 편집 규약

이 책에서는 독자의 이해를 돕고자 다루는 정보에 따라 글꼴 스타일을 다르게 적용했다. 이러한 스타일의 예와 의미는 다음과 같다.

텍스트에서 코드 단어는 다음과 같이 표기한다. "이미지를 저장하거나 쓰려면 imsave( ) 함수를 사용한다."

코드 블록은 다음과 같이 표기한다.

```
>>> from PIL import Image
>>> img = Image.open("image.png")
>>> img.getpixel((100,100))
output
(150, 188, 233, 255)
>>> img.convert("L").getpixel((100,100))
```

코드 블록에서 유의해야 할 부분이 있다면 다음과 같이 굵은 글꼴로 표기한다.

```
>>> from skimage import io
>>> img = io.imread("image.png")
>>> io.imshow("image.png")
>>> io.show( )
```

명령행 입력이나 출력은 다음과 같이 표기한다.

```
$: pip install Pillow
```

화면상에 표시되는 메뉴나 버튼은 다음과 같이 표기한다. "다음 화면으로 넘어가기 위해 Next 버튼을 누른다."

경고나 중요한 노트는 이와 같이 나타낸다.

 팁과 요령은 이와 같이 나타낸다.

▌ 독자 의견

독자로부터의 피드백은 항상 환영이다. 이 책에 대해 무엇이 좋았는지 또는 좋지 않았는지 소감을 알려주길 바란다. 독자 피드백은 앞으로 더 좋은 책을 발행하는 데 큰 도움이 된다. 일반적인 피드백을 우리에게 보낼 때는 간단하게 feedback@packtpub.com으로 이메일을 보내면 되고, 메시지의 제목에 책 이름을 적으면 된다.

여러분이 전문 지식을 가진 주제가 있고, 책을 내거나 책을 만드는 데 기여하고 싶다면 www.packtpub.com/authors에서 저자 가이드를 참조하길 바란다.

▌ 고객 지원

팩트출판사의 구매자가 된 독자에게 도움이 되는 몇 가지를 제공하고자 한다.

예제 코드 다운로드

이 책에 사용된 예제 코드는 http://www.packtpub.com의 계정을 통해 다운로드할 수 있다. 다른 곳에서 구매한 경우에는 http://www.packtpub.com/support를 방문해 등록하면 파일을 이메일로 직접 받을 수 있다.

코드를 다운로드하려면 다음과 같이 한다.

1. 팩트출판사 웹사이트(http://www.packtpub.com)에서 이메일 주소와 암호를 이용해 로그인하거나 계정을 등록한다.
2. 맨 위에 있는 SUPPORT 탭으로 마우스 포인터를 이동한다.
3. Code Downloads & Errata 항목을 클릭한다.
4. Search 입력란에 책 이름을 입력한다.
5. 코드 파일을 다운로드하려는 책을 선택한다.
6. 드롭다운 메뉴에서 이 책을 구매한 위치를 선택한다.
7. Code Download 항목을 클릭한다.

파일을 다운로드한 후에는 다음과 같은 압축 프로그램을 이용해 파일의 압축을 해제한다.

- 윈도우: WinRAR, 7-Zip
- 맥: Zipeg, iZip, UnRarX
- 리눅스: 7-Zip, PeaZip

이 책의 코드 묶음은 깃허브 https://github.com/PacktPublishing/Computer-Vision-with-Python-3에서도 받을 수 있으며, https://github.com/PacktPublishing/에서는 다른 책들의 코드 묶음과 동영상들을 제공한다. 또한 에이콘출판사의 도서정보 페이지인 http://www.acornpub.co.kr/book/computer-vision-python-3에서도 예제 코드를 다운로드할 수 있다.

정오표

내용을 정확하게 전달하기 위해 최선을 다했지만, 실수가 있을 수 있다. 팩트출판사의 도서에서 문장이든 코드든 간에 문제를 발견해서 알려준다면 매우 감사하게 생각할 것이다. 그런 참여를 통해 그 밖의 독자에게 도움을 주고, 다음 버전의 도서를 더 완성도 높게 만들 수 있다. 오탈자를 발견한다면 http://www.packtpub.com/submit-errata를 방문해 책을 선택하고, 구체적인 내용을 입력해주길 바란다. 보내준 오류 내용이 확인되면 웹사이트에 그 내용이 올라가거나 해당 서적의 정오표 부분에 그 내용이 추가될 것이다.

http://www.packtpub.com/support에서 해당 도서명을 선택하면 기존 정오표를 확인할 수 있다. 한국어판은 에이콘출판사 도서정보 페이지 http://www.acornpub.co.kr/book/computer-vision-python-3에서 찾아볼 수 있다.

저작권 침해

인터넷에서의 저작권 침해는 모든 매체에서 벌어지고 있는 심각한 문제다. 팩트출판사에서는 저작권과 사용권 문제를 아주 심각하게 인식한다. 어떤 형태로든 팩트출판사 서적의 불법 복제물을 인터넷에서 발견한다면 적절한 조치를 취할 수 있도록 해당 주소나 사이트명을 알려주길 부탁한다.

의심되는 불법 복제물의 링크는 copyright@packtpub.com으로 보내주길 바란다. 저자와 더 좋은 책을 위한 팩트출판사의 노력을 배려하는 마음에 깊은 감사의 뜻을 전한다.

▌질문

이 책과 관련해 질문이 있다면 questions@packtpub.com으로 문의하길 바란다. 최선을 다해 질문에 답하겠다. 한국어판에 관한 질문은 이 책의 옮긴이나 에이콘출판사 편집 팀 (editor@acornpub.co.kr)으로 문의해주길 바란다.

01

이미지 처리에 대한 소개

이미지 처리를 다루기 전에 먼저 이미지에 대해 이해해보자. 사람이 볼 때 이미지는 색으로 채워진 셀, 혹은 픽셀이라 불리는 것으로 구성된 2차원 격자다. 이 격자의 각 셀은 공식적으로는 화소라고 불린다(보통 픽셀pixel로 표기). 컴퓨터도 같은 방법으로 이미지를 본다. 컴퓨터에서 영상은 2차원 행렬이며, 행렬의 각 셀은 이미지의 해당 픽셀 값을 저장하고 있다. 다음 그림은 이미지 행렬의 예다. 빨간색 상자 속에 포함된 이미지의 행렬은 오른쪽에 표시돼 있다.

그림 1 빨간색 상자 속의 이미지(왼쪽) 영역에 해당하는 컴퓨터에 저장된 이미지 행렬(오른쪽)

이미지 처리는 이미지를 연구하고 분석하는 분야다. 이미지 속에는 우리가 무의식적으로 처리하는 많은 숨겨진 정보가 있다. 예를 들어 '이미지 속에 있는 물체 중 다른 것은 무엇인가?', '이미지 속에 차가 있는가?', '두 개의 이미지 간에 유사한 것은 무엇인가?'와 같이 말이다. 이런 질문에 대해 인간은 쉽게 답할 수 있겠지만, 컴퓨터는 답하기가 매우 어렵다. 이 책은 내용 전반을 통해 이런 몇 가지 질문에 답하는 데 도움을 줄 알고리즘들을 구현하는 것을 목표로 한다.

이미지 처리의 핵심은 색, 픽셀 간의 상호 관계, 물체 배치, 다른 미세한 세부 항목과 같은 이미지의 다른 속성을 사용해 에지, 물체, 윤곽선 등 이미지 특징이라 부르는 유용한 정보를 추출하는 것이다. 이러한 특징은 의학, 보안, 소셜 미디어 서비스, 자율 주행 자동차 등과 같은 다양한 응용프로그램에서 사용될 수 있고 그중 일부는 다음 장에서 다룬다.

▌ 이미지 처리: 응용 사례

이미지 처리의 몇 가지 일반적인 응용 사례를 살펴보자.

- **의학:** 최근 몇 년 동안 의학 분야는 급속도로 진보해왔다. 예를 들어, MRI/PET 스캔에서 종양의 성질을 검출하기 위한 복잡하고 개선된 기술들이 개발됐고, 이 과정에서 생물학과 이미지 처리 간의 학제 연구가 중요한 역할을 했다. 다음 이미지는 이미지 처리 알고리즘을 사용해 종양을 탐지하는 방법을 보여준다. 이는 질병의 조기 진단과 좀 더 효과적인 치료에 도움이 됐다.

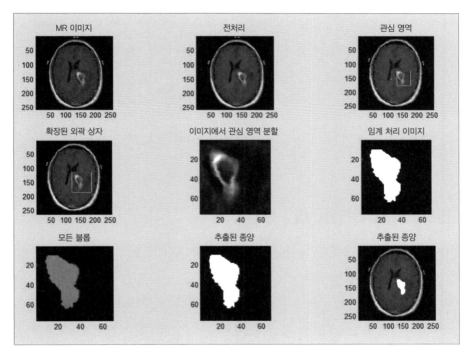

그림 2 이 이미지는 종양을 감지하는 데 이미지 처리가 어떻게 사용되는지 보여준다.

- **보안 이미지 처리:** 이미지 처리는 효율적인 보안/감시 시스템을 개발하는 데 도움이 됐다. 이 분야의 발전은 많은 소비자 제품 및 사업에 영향을 미쳤다. 지문 인식 잠금 장치와 생체 인식 보안 시스템(얼굴 또는 홍채 인식)은 현재 스마트폰과 같은 소형 장치와 스마트 건물에서도 사용되고 있다. 이러한 기술을 사용하면, 장치를 열기 위해 암호를 기억한 후 타이핑하거나 RFID^{Radio Frequency Identification} 보안 카

드를 이용할 때보다 훨씬 간편하고 쉬워진다. 이러한 개념은 가정용 보안 시스템으로도 확장됐다. 인체 탐지 및 인식 분야에서의 적용은 좀 더 지능적인 침입 탐지 시스템으로 이어졌다.

- **소셜 미디어:** 페이스북Facebook, 인스타그램Instagram, 스냅챗Snapchat과 같은 다양한 소셜 미디어 웹사이트는 사용자 경험을 향상시키기 위해 컴퓨터 비전 기술의 일부를 사용한다. 예를 들어, 페이스북의 자동 태그 기능은 사용자가 업로드한 그림의 얼굴을 인식하고 사진에 있는 사람에 대한 적절한 이름 태그를 제안한다. 또 다른 응용 사례로는 구글 이미지 검색이 있다. 이것은 인터넷에서 시각적으로 비슷한 이미지를 검색하는데, 결코 쉽지 않은 작업이다.

이는 컴퓨터 비전(이미지 처리)의 응용 사례 중 일부다. 실제 세상에는 셀 수 없이 많은 응용 사례가 있지만, 그에 대한 자세한 설명은 이 책의 범위를 벗어난다.

▍ 이미지 처리 라이브러리

컴퓨터 비전에 사용되는 몇 가지 파이썬용 이미지 처리 라이브러리가 있으며, 이 책의 목적을 위해 scikit-image와 Pillow를 살펴볼 것이다. 이 라이브러리는 이 책 전반에 걸쳐 논의될 알고리즘을 구현하는 데 사용된다. 다음 절에서는 이러한 라이브러리를 설치하는 방법과 기본 이미지 처리 작업을 수행하는 방법을 보여주며, 이는 이후 장에서 사용된다.

Pillow

Pillow는 PIL Python Imaging Library에서 시작된 오픈소스 라이브러리다. Pillow는 복잡한 알고리즘을 구현하기 전에 간단한 알고리즘을 구현해보고자 하는 초보자에게 적합한 라이브러리다. 여기서는 Pillow 버전 4.0을 사용한다.

ℹ️ Pillow에 대한 더 자세한 정보는 http://pillow.readthedocs.io에서 찾을 수 있다.

설치

이 절에서는 다른 운영체제에서 어떻게 Pillow를 설치하는지 보여준다.

- **윈도우**: 윈도우^{Windows}에서 Pillow는 pip를 사용해 설치한다. 윈도우 컴퓨터의 명령행을 열고 다음 명령을 입력한 후 **Enter** 키를 누른다.

```
$: pip3 install Pillow
```

ℹ️ Python 2>= 2.7.9와 Python 3>=3.4의 경우 pip는 자동으로 설치된다. pip가 설치되지 않았을 경우 다음에 명시된 절차를 따른다.
https://pip.pypa.io/en/stable/installing/#do-i-need-to-install-pip

- **OS X/맥 OS**: OS X/맥 OS^{Mac OS}에서는 Pillow를 설치하는 데 Homebrew를 사용한다.

ℹ️ Homebrew를 설치하지 않았을 경우 https://brew.sh/로 이동해 설치 방법을 따른다.

맥^{Mac}에서 터미널을 열고 다음 명령을 이용해 먼저 의존성이 있는 파일들을 설치한 후 Pillow를 설치한다.

```
$: brew install libtiff libjpeg webp little-cms2
$: pip install Pillow
```

만약 파이썬 2와 파이썬 3를 동시에 설치했다면 파이썬 3용은 다음 명령을 통해 Pillow를 설치한다.

```
$: python3 -m pip install Pillow
```

- **리눅스:** 리눅스^{Linux}에서는 `pip` 명령을 이용해 Pillow를 설치한다.

```
$: sudo pip3 install Pillow
```

Pillow 시작하기

이 장에서는 적절한 코드를 이용해 Pillow의 기본 사용법을 알아볼 것이다.

이미지 읽기

Pillow의 이미지 모듈은 컴퓨터에 저장된 jpg 또는 png 파일 이미지를 읽기 위해 open( ) 함수를 제공한다. 이 함수는 픽셀 유형, 이미지 크기, 이미지 형식과 같은 정보가 들어있는 이미지 객체를 반환한다. 다음은 이미지를 읽는 방법의 예다. `import`문은 프로그램 시작 시에만 한 번 실행된다.

```
>>> from PIL import Image
>>> img = Image.open("image.png")
```

화면에 이미지를 표시하려면 다음과 같이 show( ) 함수를 사용한다.

```
>>> img.show( )
```

이미지 쓰기/저장

이미지를 컴퓨터의 파일에 쓰거나 저장하려면 이미지 객체의 save( ) 함수를 사용한다. 이미지를 저장하고자 하는 절대 파일 경로 또는 상대 파일 경로를 입력으로 받는다.

```
>>> img.save("temp.png") # 상대 경로의 예
>>> img.save("/tmp/temp.png") # 절대 경로의 예
```

이미지 자르기

이미지 자르기는 원본 이미지에서 이미지의 작은 특정 영역을 추출하는 것을 의미한다. 일부 책/참고 자료에서는 이 영역을 관심 영역ROI, Region of Interest이라 부르기도 한다. ROI 개념은 전체 이미지가 아닌 이미지의 특정 부분에서만 알고리즘을 실행하려는 경우에 유용하다. 이미지 객체는 두 좌표계(관심 있는 사각형의 왼쪽 위 꼭지점과 오른쪽 아래 꼭지점)를 입력으로 받고 잘려진 이미지를 반환하는 crop( ) 함수를 갖는다.

```
>>> from PIL import Image
>>> dim =(100,100,400,400) # ROI의 위치
>>> crop_img = img.crop(dim)
>>> crop_img.show( )
```

다음 이미지는 앞의 코드에서 사용한 crop 함수의 결과를 보여준다.

그림 3 원본 이미지(왼쪽)와 원래 이미지의 잘린 영역(오른쪽)

색상 공간 변경

색상 공간 및 채널

수학에서처럼 여러 좌표계를 이용한다. 예를 들어 2−D 직교 평면과 2−D 극좌표에서 점은 (x, y) 또는 (r, θ)로 저장된다. 각 좌표계마다 특정한 사용 방법이 있고, 이것은 계산을 쉽게 만든다. 이와 비슷하게 이미지 처리의 세계에서도 다른 색상 공간들이 있다. 이미지의 색상 값은 RGB(빨간색^{Red}, 파란색^{Blue}, 녹색^{Green})나 CMYK(시안^{Cyan}, 마젠타^{Magenta}, 노란색^{Yellow}, 키^{Key}(검은색)) 형태로 저장할 수 있다. 다른 색상 공간의 예로는 HSV, HSL, CMY 등이 있다. 색상 공간의 각 값은 색상 채널이라고 한다. 예를 들어, RGB 색상 공간에서 빨간색, 파란색, 녹색 각각은 이미지의 채널이라고 말한다. 이미지는 RGB, CMYK, 그레이스케일, YUV와 같은 다양한 모드(색상 공간)로 표현될 수 있다. 이미지에서 볼 수 있는 색상은 색상 공간의 각 색상 채널에 있는 색상이 혼합된 것이다. 일반적인 색상 공간을 자세히 살펴보자.

- **그레이스케일**: 이것은 이해하거나 컴퓨터에 저장하는 측면에서 가장 간단한 색상 공간 중 하나다. 그레이스케일 이미지의 각 픽셀 값은 0과 255 사이에 있는 하나

의 값이며, 0은 검은색을 나타내고 255는 흰색을 나타낸다. 255라는 값은 고정 값이 아니고 이미지의 깊이에 따라 달라진다(이미지 깊이는 다음 절에서 다룬다). 때로는 그레이스케일 이미지를 흑백 이미지라고도 하지만 전적으로 옳은 표현은 아니다. 흑백 이미지에서 픽셀 값은 0 혹은 255만을 가지며 그 사이에는 값이 없다.

그림 4 그레이스케일 이미지의 예

- RGB^{빨간색, 녹색, 파란색}: 이것은 이미지 처리 분야를 비롯한 여러 곳에서 사용되는 가장 일반적인 색상 공간 중 하나다. 인터넷이나 책에서 보는 대부분의 이미지는 RGB 공간에 존재한다. 일반적인 RGB 이미지에서 각 픽셀은 세 가지 값의 조합이며 각각은 빨간색, 녹색, 파란색 채널이다. RGB 공간에서 흰색은 (255, 255, 255)로 저장되고 검은색은 (0, 0, 0)으로 저장된다. 빨간색, 녹색, 파란색은 각각 (255, 0, 0), (0, 255, 0), (0, 0, 255)로 표현된다. 다른 색들은 빨간색, 녹색, 파란색 값을 조합한 것이다. 주요한 색들을 혼합해 새로운 색을 만들었던 어린 시절의 그림 수업을 기억해보면 간단하다!

- HSV^{색조, 채도, 값}: RGB 값을 원통에 투영하는 원통형 좌표계다. 그림 5는 이 개념을 보여준다. HSV 색상 공간은 RGB 공간의 직관적이지 않은 특성을 고려해 설계

됐다. RGB 공간에서는 색이 어떻게 진행되는지를 파악하는 것이 직관적이지 않다. HSV 스케일은 이것을 완벽하게 다루는데, 색조hue를 고정하고 값value과 채도saturation를 변경하면서 이 색조 값의 음영을 생성한다.

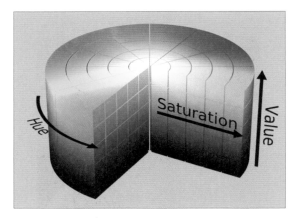

그림 5 HSV 색상 공간 그림

이 장의 시작 부분에서 이미지가 2D 행렬 형태로 저장돼 있다고 했다. 그렇다면 이미지의 여러 채널을 어떻게 저장할 수 있을까? 간단하다. 각 채널 수만큼 여러 개의 2D 행렬을 갖는다. 여기에는 다음과 같은 간단한 문제가 있다. 그레이스케일 이미지는 몇 개의 행렬을 가질까?

그레이스케일 이미지의 픽셀 값을 출력하면 하나의 값만 얻지만 RGB 이미지의 픽셀 값을 출력하면 세 개의 값을 얻는다. 이는 RGB가 빨간색, 녹색, 파란색의 세 개 채널을 갖고 그레이스케일 이미지가 하나의 값만 갖는 것을 보여준다.

다음 코드에서는 RGB 이미지와 그레이스케일 이미지의 픽셀 값을 출력한다.

```
>>> from PIL import Image
>>> img = Image.open("image.png")
```

```
>>> img.getpixel((100,100))
output
(150, 188, 233, 255)
>>> img.convert("L").getpixel((100,100))
```

다음과 같은 출력을 보여준다.

181

다음 그림은 RGB 이미지에서 서로 다른 색 채널을 보여준다.

그림 6 각각 빨간색, 녹색, 파란색

이미지 깊이

이미지 깊이 또는 색상 깊이는 픽셀의 색을 나타내는 데 사용되는 비트 수다. 이미지 깊이
는 이미지가 가질 수 있는 색상 범위를 결정한다. 예를 들어 깊이가 4비트인 이미지의 경
우 픽셀 값은 0에서 15까지(4비트를 사용해 저장할 수 있는 최댓값은 $2^4 - 1 = 15$) 값을 갖는다.
반면에 8비트를 사용한다면, 그 값은 0에서 255까지의 범위를 가지므로 더 미세한 컬러
스펙트럼을 제공한다. 이것은 비트 수가 이미지에서 사용할 수 있는 색상 수를 결정한다
고도 생각할 수 있다. 예를 들어 1비트는 두 가지 색을, 2비트는 네 가지 색을, 그리고 8비
트는 256색을 의미한다.

이미지 모듈의 변환 함수를 사용해 이미지를 한 색상 공간에서 다른 색상 공간으로 변환할 수 있다. 이미지를 RGB 색상 공간에서 그레이스케일 색상 공간으로 변환하려면 L 모드를 사용한다. 이외에도 다양한 모드들이 존재하며 1비트 픽셀 모드인 1, P−8비트 픽셀 모드, RGB−3×8비트 픽셀, RGBA−4×8비트 픽셀 등이 있다.

다음 코드는 컬러 이미지를 그레이스케일로 변환하는 방법을 보여준다.

```
>>> from PIL import Image
>>> grayscale = img.convert("L")
>>> grayscale.show()
```

Pillow 라이브러리 문서의 링크는 다음과 같다.
http://pillow.readthedocs.io/en/3.1.x/reference/Image.html#PIL.Image.Image.convert

다음 이미지는 코드의 결과를 보여준다(RGB 모드의 이미지를 그레이스케일 모드로 변환).

그림 7 RGB 모드를 그레이스케일로 변환한 후의 결과

기하학적 변환

이미지에 대해 크기 변환, 회전, 뒤집기와 같은 여러 유형의 변환을 수행해야 하는 경우가 있다. Pillow는 이러한 변환을 수행하는 직접적인 함수를 제공하므로 처음부터 코드를 작성하지 않아도 된다.

- **크기 변환**: 이미지의 크기를 변경하려면 새로운 크기를 담은 튜플을 인자로 취하는 resize( ) 함수를 사용한다.

```
>>> from PIL import Image
>>> resize_img = img.resize((200,200))
>>> resize_img.show( )
```

- **회전**: 이미지를 회전하려면 회전할 각도(반시계 방향)를 인수로 취하는 rotate( ) 함수를 사용한다.

```
>>> from PIL import Image
>>> rotate_img = img.rotate(90)
>>> rotate_img.show( )
```

앞 코드의 결과는 다음 이미지와 같다.

그림 8 이미지를 90도 회전한 후의 출력

이미지 향상

이미지 향상에는 이미지의 대비, 밝기, 색상 밸런스, 선명도 변경과 같은 작업이 포함된다. Pillow는 이런 작업을 수행하는 데 도움이 되는 함수를 가진 ImageEnhance 모듈을 제공한다.

다음 코드를 사용해 ImageEnhance 모듈을 가져오는 것으로 시작한다.

```
>>> from PIL import ImageEnhance
```

라이브러리를 가져온 후 라이브러리에 있는 함수들의 사용 방법을 알아보자. 먼저 이미지 밝기를 변경하는 방법을 살펴보자.

- **이미지 밝기 변경**: 다음 코드를 사용해 밝기를 변경한다.

  ```
  >>> enhancer = ImageEnhance.Brightness(img)
  >>> enhancer.enhance(2).show()
  ```

enhance() 함수는 float형 인자를 입력으로 받고 이 인자 값은 이미지의 밝기를 변경하는 정도를 결정한다. 1보다 작은 인자 값은 이미지의 밝기를 감소시키고 1보다 큰 인자 값은 이미지의 밝기를 증가시킨다. 이 인자 값이 1이면 원래 이미지를 출력한다. enhance() 함수의 출력은 밝기가 변경된 이미지다.

그림 9 이 이미지는 이미지의 밝기가 증가된 것을 보여준다.
왼쪽 이미지는 원래 이미지고, 오른쪽 이미지는 향상된 이미지다.

다음으로 이미지의 대비를 어떻게 변경하는지 알아보자.

- **이미지의 대비 변경:** 다음 코드는 주어진 이미지의 대비를 향상시킨다.

```
>>> enhancer = ImageEnhance.Contrast(img)
>>> enhancer.enhance(2).show()
```

enhance( ) 함수 또한 float형 인수를 입력으로 받는다. 인자 값이 1이면 원본 이미지를 출력한다. 또한 1보다 작으면 대비가 감소하고, 1보다 크면 대비가 증가한다.

그림 10 이 그림은 이미지의 대비 변화를 보여준다. 왼쪽 이미지는 원본 이미지고, 오른쪽 이미지는 향상된 이미지다.

이미지의 픽셀에 접근하기

가끔 임계치 조정(이 책에서 이후 다룰 예정임)과 같은 작업을 수행할 때 이미지의 개별 픽셀에 접근해야 한다. Pillow는 PixelAccess 클래스에서 이미지 픽셀 값을 조작하는 함수를 제공한다. getpixel( )과 putpixel( ) 함수는 PixelAccess 클래스에 구현돼 있다.

- **getpixel():** 이 함수는 (x, y) 좌표에 있는 픽셀의 색상 값을 반환한다. 튜플을 인수로 취해 색상 값의 튜플을 반환한다.

```
>>> img.getpixel((100,100))
```

다음은 출력 값이다.

```
(150, 188, 233, 255)
```

- putpixel(): 이 함수는 (x, y) 좌표에 있는 픽셀의 색상 값을 새로운 색상으로 변경한다. 좌표와 새로운 색상 값이 함수의 인자로 전달된다. 이미지에 둘 이상의 색상 대역이 있다면 튜플이 함수의 인수로 전달된다.

```
>>> img.putpixel((100,100), (20,230,145))
>>> img.getpixel((100,100))
```

다음은 출력 값이다.

```
(20, 230, 145,255)
```

scikit-image 소개

지금까지 정수로 된 색상 값만 살펴봤다. 일부 라이브러리는 픽셀 값이 0과 1 사이에 있는 float 이미지에서도 동작한다.

이 절에서는 (skimage라고도 알려진) scikit-image라는 이미지 처리를 위한 파이썬 라이브러리에 대해 알아본다. scikit-image는 Pillow보다 고급 기능을 제공하며 엔터프라이즈급 응용프로그램을 작성하는 데 적합하다.

 다음은 scikit-image의 공식 웹사이트다.
http://scikit-image.org/

설치

이 절에서는 여러 운영체제에서 파이썬 3용 scikit-image를 설치하는 방법을 살펴본다.

- **OSX/맥 OS**: OSX/맥 OS에서 scikit-image를 설치하려면 pip를 사용한다. Pillow를 설치할 때 이미 pip를 어떻게 사용하는지 알아봤다.

```
$: python3 -m pip install -U scikit-image
$: python3 -m pip install scipy
$: python3 -m pip install matplotlib
```

- **리눅스(우분투^{Ubuntu})**: 리눅스 시스템에서는 명령행 인터페이스를 사용해 scikit-image를 설치한다. 컴퓨터의 기본 터미널을 열고 다음 명령을 입력한다.

```
$: sudo apt-get install python3-skimage
```

- **윈도우**: 리눅스 운영체제에서와 비슷하게, 윈도우에서도 명령행 인터페이스를 사용한다. 명령행 도구를 열고 다음 명령을 입력해 skimage를 윈도우에 설치한다.

```
$: pip3 install scikit-image
```

scikit-image 시작하기

이 절에서는 scikit-image 라이브러리를 사용해 수행할 수 있는 몇 가지 기본 연산을 살펴본다.

- **이미지 읽기**: 이미지 읽기는 가장 기본적인 연산이다. scikit-image에서는 라이브러리의 io 모듈에 있는 imread() 함수를 사용해 이미지를 읽을 수 있다. ndarray를 반환하며, 이 ndarray는 파이썬에서 N차원 배열이다. 다음은 그 예다.

```
>>> from skimage import io
>>> img = io.imread("image.png")
>>> io.imshow(img)
```

- **이미지 쓰기/저장**: 이미지를 저장하거나 쓰려면 imsave( ) 함수를 사용한다. 저장하려는 파일의 절대 경로 또는 상대 경로와 이미지 변수를 입력으로 사용한다.

```
>>> from skimage import io
>>> img = io.imread("image.png")
>>> io.imsave( "new_image.png", img)
```

- **데이터 모듈**: 이 모듈은 몇 가지 표준 테스트 이미지를 제공하고, 그레이스케일 카메라 이미지, 그레이스케일 텍스트 이미지, 커피 컵 이미지 등을 포함한다. 이러한 이미지는 이미지 처리에서 알고리즘의 결과를 보여주기 위한 적절한 예제로 사용될 수 있다. 예를 들어 다음 코드에서 skimage.data.camera( )는 이미지 배열을 반환한다.

```
>>> from skimage import data, io
>>> io.imshow(data.camera( ))
>>> io.show( )
```

다음 이미지는 코드의 출력이다. 즉 skimage.data.camera( )에서 반환한 이미지다.

```
```

그림 11 camera() 함수가 반환한 이미지

카메라 이미지와 마찬가지로, scikit-image는 또 다른 이미지를 제공한다. skimage. data.text( )는 손으로 쓴 글자가 있는 이미지를 반환한다.

```
>>> from skimage import data, io
>>> io.imshow(data.text( ))
>>> io.show( )
```

다음 이미지는 skimage.data.text( )에서 반환한 이미지다.

그림 12 text() 함수가 반환한 이미지며 코너 감지의 예제로 사용할 수 있다.

- **색상 모듈**: 라이브러리의 이 모듈은 한 색상 공간에서 다른 색상 공간으로 이미지를 변경하는 함수들을 포함한다. 이와 같은 두 개의 함수는 다음과 같다.

  - **RGB에서 그레이스케일로 변환**: 모듈의 rgb2gray( ) 함수는 RGB 이미지를 그레이스케일 이미지로 변환하는 데 사용된다. RGB 이미지 배열을 입력으로 사용하고 그레이스케일 이미지 배열을 반환한다. 다음 코드는 그 예다.

```
>>> from skimage import io, color
>>> img = io.imread("image.png")
>>> gray = color.rgb2gray(img)
>>> io.imshow(gray)
>>> io.show()
```

코드의 출력은 다음과 같다.

그림 13 그레이스케일 이미지의 예

  - **RGB에서 HSV로 변환**: 모듈의 rgb2hsv( ) 함수는 RGB 이미지를 HSV 이미지로 변환하는 데 사용된다. RGB 이미지 배열을 입력으로 취하고 HSV 이미지 배열을 반환한다. 다음 코드는 RGB를 HSV로 변환하는 방법을 보여준다.

```
>>> from skimage import data, io, color
>>> img = data.astronaut()
>>> img_hsv = color.rgb2hsv(img)
>>> io.imshow(hsv)
>>> io.show()
```

 http://scikit-image.org/docs/dev/api/skimage.color.html#module-skimage.color
에서 다른 기능들을 볼 수 있다.

- **그리기 모듈**: 그리기 모듈에는 원형, 타원, 다각형 등 다양한 모양을 그리는 다양한 함수들이 있다. 각각을 하나씩 살펴보자.

  ○ **원**: skimage는 이미지에 원을 그리기 위한 circle() 함수를 제공한다. 중심 좌표와 반지름을 입력으로 취하고 주어진 좌표와 반지름의 원 안에 있는 모든 픽셀 좌표를 반환한다. 원 안의 픽셀들을 가져온 후 2D 행렬에 있는 값에 1을 할당하고 다른 모든 점은 0으로 만든다.

```
>>> import numpy as np
>>> from skimage import io, draw
>>> img = np.zeros((100, 100), dtype = np.uint8)
>>> x, y = draw.circle(50, 50, 10)
>>> img [x, y] = 1
>>> io.imshow(img)
>>> io.show()
```

앞의 코드는 다음과 같은 원을 표시한다.

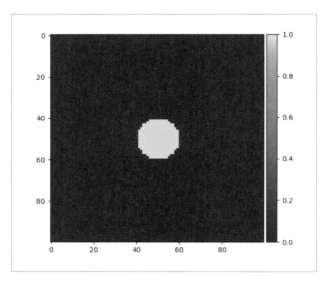

그림 14 반지름이 10이고 중심점이 (50, 50)인 원

○ **타원:** 이미지에 타원을 그리기 위해 skimage는 ellipse() 함수를 제공한다. draw 모듈의 이 함수는 주어진 파라미터의 타원 내 픽셀 좌표를 가져오는 데 사용한다. 그런 다음, 이 픽셀들의 픽셀 값을 증가시켜 다른 픽셀들과 구별되게 할 수 있다.

```
>>> import numpy as np
>>> from skimage import io, draw
>>> img = np.zeros((100, 100), dtype = np.uint8)
>>> x, y = draw.ellipse(50, 50, 10, 20)
>>> img[x, y] = 1
>>> io.imshow(img)
>>> io.show()
```

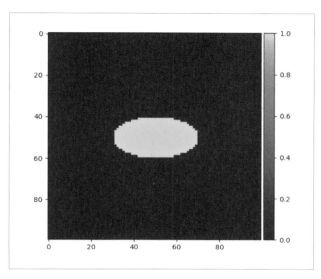

그림 15 타원

○ **다각형**: polygon( ) 함수는 코너의 x와 y 좌표 배열을 취해서 다각형 내에 있는
  픽셀 좌표들을 반환한다.

```
>>> import numpy as np
>>> from skimage import io, draw
>>> img = np.zeros((100, 100), dtype = np.uint8)
>>> r = np.array([10, 25, 80, 50])
>>> c = np.array([10, 60, 40, 10])
>>> x, y = draw.polygon(r, c)
>>> img[x, y] = 1
>>> io.imshow(img)
>>> io.show()
```

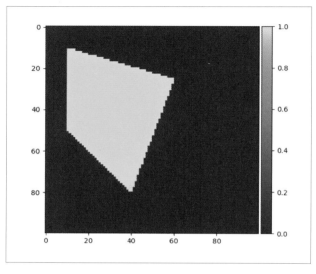

그림 16 다각형

이 절에서 주목해야 할 것은 (0, 0) 점은 이미지의 왼쪽 하단이 아니라 왼쪽 상단이라는 점이다. 이는 컴퓨터 비전 분야에서 따르는 일반적인 관례다.

█ 요약

이 장에서는 이미지가 무엇인지, 컴퓨터가 이것을 어떻게 해석하는지 살펴봤다. 그리고 영상 처리의 기초를 비롯해 의학, 보안/감시, 소셜 미디어에서 나타나는 다양한 응용을 살펴봤다. 그리고 두 개의 라이브러리, 즉 Pillow와 scikit-image를 소개했다. 이미지 읽기/쓰기, 색상 공간 간의 이미지 변환과 같은 기본 작업을 수행하는 방법을 살펴봤고, 마지막으로 scikit-image를 이용해 몇 가지 기본적인 기하학 형태를 그리는 방법을 다루면서 끝맺었다. 이 장에서 다룬 내용은 이후 장들을 위한 기본 지식이 될 것이다.

다음 장에서는 에지 검출과 같은 좀 더 복잡한 이미지 처리 알고리즘과 일반적으로 사용되는 필터를 살펴본다.

필터와 특징

이 장에서는 기본적인 이미지 처리와 라이브러리(Pillow와 skimage)를 이해한 후 커널, 합성곱, 필터, 기본적인 이미지 특징 등 몇 가지 기본 개념을 설명한다. 가우시안 필터$^{Gaussian\ filter}$와 소벨^{Sobel} 같은 다양한 유형의 이미지 필터를 살펴보고, 컴퓨터 비전을 활용한 응용 프로그램에서 필수적이고 전처리 단계에서 유용하게 사용될 코너 검출 및 Hough 변환을 다룬다. 이후에는 라이브러리(Pillow 또는 skimage)를 자유롭게 선택해 사용할 수 있을 것이다. 이 장에서는 이 두 가지에 대한 예제를 제공한다.

▌ 이미지 미분

이미지 미분 함수는 이미지 픽셀 값의 변화로 정의된다. 함수의 변화율은 다음과 같이 정의된다.

$$\lim_{h \to 0} \frac{f(x+h) - f(x)}{h}$$

이미지에서 이 정의를 사용하면 이미지 픽셀 값의 변화를 계산할 수 있으며, 픽셀들은 불연속적이므로 이미지 미분은 *f(x+1) - f(x-1)*로 정의된다. 특정 지점에서 미분을 계산하기 위해 전향 차분, 후향 차분, 중앙 차분과 같은 유한 차분 방법을 사용할 수 있다. 유한 차분 방법은 다음과 같이 정의된다.

- **전향 차분**: *f(x+1) - f(x)*
- **후향 차분**: *f(x) - f(x-1)*
- **중앙 차분**: *f(x+1) - f(x-1)*

이미지 행렬이 주어지면 마스크 또는 커널이라는 행렬을 사용해 미분을 구할 수 있다. 예를 들어 전향, 후향, 중앙 차분에 대한 미분 마스크는 다음과 같다.

[1 −1]

[−1 1]

[1 0 −1]

미분 마스크의 또 다른 예제는 다음과 같다.

$$\begin{bmatrix} 1 & 0 & -1 \\ 1 & 0 & -1 \\ 1 & 0 & -1 \end{bmatrix}$$

앞의 행렬은 x 방향에서 2D 이미지 행렬의 미분을 계산하는 것이다. 마찬가지로 미분을 y 방향에서 계산할 수도 있다.

이미지의 특정 지점에서 미분을 계산하려면 미분을 계산하려는 지점에 마스크의 중심을 위치시킨다. 그런 다음 겹치는 모든 셀을 서로 곱하고 더한다. 그러면 그 지점에서 이미지의 미분을 얻을 수 있다. 그림 1은 이미지의 미분을 계산하는 방법을 보여준다.

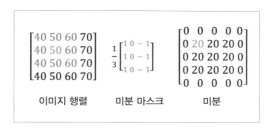

그림 1

미분 마스크는 50이 있는 (2,2)에 배치된다. 빨간색 부분은 행렬과 미분 마스크가 겹치는 픽셀을 나타낸다. 계산이 끝나면 미분 이미지에서 녹색으로 표시된 출력을 얻는다. 이것은 원래의 이미지에서 (2,2)에 있는 픽셀의 미분 값이다.

커널

이전 절에서 봤듯이 미분 마스크를 사용해 이미지 미분을 계산했다. 이번 장을 더 진행하기 전에 이 마스크가 무엇인지 정식으로 정의해보자. 문서/연구 논문/이미지 처리와 관련된 서적에서는 마스크, 커널, 필터라는 용어를 종종 사용한다. 이들이 본질적으로 의미하는 것은 이미지의 다양한 특성이나 특징을 계산하는 데 사용되는 정사각형 행렬이다. 이미지 미분의 예는 이미 살펴봤다. 이러한 커널/필터/마스크의 또 다른 일반적인 예는 코너 검출edge detection, 이미지 흐리기image blurring 등이다. 이 장을 통해 커널을 이해하는 데 도움이 되는 다양한 커널의 예를 볼 수 있을 것이다.

▌ 합성곱

이미지 처리에서 합성곱은 커널 행렬의 해당 요소와 이미지 매트릭스의 곱의 합으로 정의된다. 이것이 무엇을 의미하는지 이해해보자. 주어진 커널(행렬)에 대해 이미지 행렬과 커널 행렬의 해당 요소를 곱하고, 곱해진 값을 이미지의 해당 픽셀을 중심으로 더한다. 새로운 빈(검은색) 이미지에는 원본 이미지의 해당 픽셀을 곱한 값의 합을 할당한다. 그리고 원본 이미지의 모든 픽셀에 대해 이 작업을 수행한다. 이것이 이미지 합성곱이다!

적용하는 곳에 따라 약간씩 변형된 이미지 합성곱convolution이 있다. 때로 커널 행렬은 원래 이미지와 곱해지기 전에 X나 Y로 뒤집힌다. X 뒤집힘은 커널의 행 순서를 뒤집는 것을 의미한다. 예를 들어, 커널의 마지막 행은 뒤집힌 행렬의 첫 번째 행이 되고 첫 번째 행은 마지막 행이 되며 나머지 행은 비슷한 과정을 거친다. 마찬가지로 Y 뒤집힘의 경우 행 대신 열을 뒤집는다. X와 Y 뒤집힘 이후에 생성된 새로운 커널 행렬은 합성곱을 수행하는 데 사용된다. 대부분의 경우 커널 행렬은 대칭이다. 따라서 X 또는 Y 뒤집힘을 수행할 필요가 없으며, 대응하는 요소들을 바로 곱하고 그것들을 더한다.

다음 그림은 이미지 합성곱의 예를 보여준다.

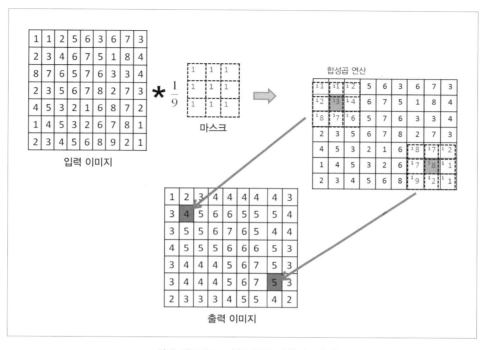

그림 2 3*3 마스크가 주어졌을 때 합성곱의 예

합성곱의 다른 예들은 다음과 같다.

그림 3 원본 이미지

다음 그림은 주어진 커널로 합성곱을 수행한 이미지의 예를 보여준다.

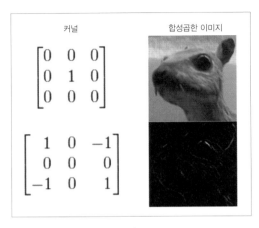

커널 합성곱한 이미지

$$\begin{bmatrix} 0 & 0 & 0 \\ 0 & 1 & 0 \\ 0 & 0 & 0 \end{bmatrix}$$

$$\begin{bmatrix} 1 & 0 & -1 \\ 0 & 0 & 0 \\ -1 & 0 & 1 \end{bmatrix}$$

그림 4

▌ 이미지 필터의 이해

픽셀 값에 임의의 함수를 적용해 이미지를 향상시키는 것을 필터링이라고 한다. 필터링 과정은 픽셀 근처의 값을 이용해 픽셀 값을 수정하는 데 사용된다. 이것은 이미지 행렬에 커널로 합성곱을 함으로써 이뤄진다. 따라서 필터가 다르면 다른 종류의 커널을 만들 수 있다. 이미지 행렬을 커널과 합성곱하는 것은 기본적으로 이미지 행렬 특정 픽셀의 이웃 값을 커널 값으로 해서 가중 평균을 취한 것이다. 이 방법은 이미지의 노이즈를 줄이거나 효과를 만드는 데 사용할 수 있다. 필터링은 가중치 평균을 취하고 특정 픽셀의 노이즈를 평균화해 노이즈를 줄임으로써 이미지의 노이즈를 줄이는 데도 사용할 수 있다. 필터링 유형은 다음과 같다.

- 가우시안 블러Gaussian blur
- 중간값 필터median filter
- 팽창dilation과 침식erosion
- 커스텀 필터custom filter
- 이미지 임계 처리image thresholding

54

가우시안 블러

가우시안 블러는 이미지 처리에서 가장 많이 사용되는 필터 중 하나며, 다음과 같이 정의된 종형 곡선 형태의 가우시안 분포를 사용한다.

$$f(x) = \frac{1}{\sigma\sqrt{2\pi}} e^{-(x-\mu)^2/(2\sigma^2)}$$

앞의 수식을 사용해 입력 값과 출력 값을 그리면 그림 5와 같은 이미지를 얻는다. 이는 가우시안 분포를 따르는 커널을 만들고 합성곱을 수행할 때 중심 픽셀이 가장 큰 가중치를 가지고 인접 픽셀의 가중치가 줄어든다는 것을 의미한다. 수정해야 하는 픽셀은 커널에서 가장 높은 가중치를 가지며 멀리 있는 픽셀에 대해서는 가중치가 감소한다.

다음 이미지는 시그마 값이 1인 경우의 다른 가우시안 곡선을 보여준다.

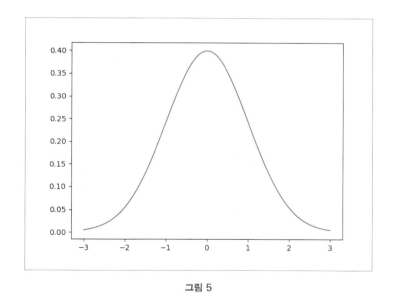

그림 5

여기서 주목해야 할 점은 이전에 본 가우시안 분포 공식은 연속 함수지만, 이미지는 이산

적이라는 점이다. 따라서 커널 함수를 만들기 전에 가우시안 분포에서 값을 이산화한다.

이미지에 가우시안 블러를 적용하는 코드 샘플을 살펴보자.

다음은 Pillow를 사용하는 예제다.

```
>>> from PIL import Image
>>> from PIL import ImageFilter
>>> img = Image.open("image.png")
>>> blur_img = img.filter(ImageFilter.GaussianBlur(5))
>>> blur_img.show()
```

ImageFilter 라이브러리는 가우시안 블러를 위한 함수를 가지고 있으며, 흐림 반경을 입력으로 받는다. 흐림 반경은 가우시안 블러 효과를 적용할 때 고려되는 중심 픽셀 주위의 이웃 픽셀 수를 제어한다.

위 코드의 결과는 다음과 같다.

그림 6 Pillow를 사용한 가우시안 블러의 출력 결과.
왼쪽 이미지는 원래 이미지고, 오른쪽 이미지는 가우시안 블러의 결과다.

다음은 skimage를 사용하는 예제다.

라이브러리의 필터 모듈은 이미지와 가우시안 커널의 표준 편차(sigma)를 취하는 가우시안 필터를 제공한다.

```
>>> from skimage import io
>>> from skimage import filters
>>> img = io.imread("image.png")
>>> out = filters.gaussian(img, sigma=5)
>>> io.imshow(out)
>>> io.show()
```

다음 그림은 sigma 값이 5일 때 코드의 출력이다.

그림 7 Pillow를 사용한 가우시안 블러의 출력 결과.
왼쪽 이미지는 원래 이미지고, 오른쪽 이미지는 가우시안 블러의 결과다.

중간값 필터

이 필터는 특정 픽셀과 그 이웃 픽셀 값으로부터 중간값을 반환하는 매우 간단한 필터다.
Pillow와 skimage 모두 이 필터 함수를 제공한다.

다음 코드에서는 Pillow를 사용해 이미지에 중간값 필터를 적용한다.

```
>>> from PIL import Image
```

```
>>> from PIL import ImageFilter
>>> img = Image.open("image.png")
>>> blur_img = img.filter(ImageFilter.MedianFilter(7))
>>> blur_img.show()
```

이와 유사하게 skimage에서도 다음의 코드로 중간값 필터를 주어진 이미지에 적용한다.

```
>>> from skimage import io
>>> from skimage.morphology import disk
>>> from skimage import color
>>> from skimage import filters
>>> img = io.imread("image.png")
>>> img = color.rgb2gray(img)
>>> out = filters.median(img, disk(7))
>>> io.imshow(out)
>>> io.show()
```

팽창과 침식

이미지에 대한 모폴로지 연산Morphological operations은 이미지가 가지고 있는 고유한 구조 또는 특징을 사용하며, 전반적인 구조를 유지하면서 이미지를 처리하는 것이다. 모폴로지 연산의 가장 일반적인 예는 침식과 팽창이다. 다음 절에서 각각에 대해 알아보자.

침식

지질학에서 침식은 바람이나 물 등으로 인해 토양이나 지면의 가장 위층이 제거되는 것을 의미한다. 이미지 처리에서도 이미지의 일부를 제거하는 것을 의미한다. 토양의 맨 위층이 사라지는 것처럼 이미지에 침식을 적용하면 이미지의 전체 구조와 모양을 유지하면서 이미지 속의 물체가 축소된다. 왜 이미지 속의 물체를 축소하려고 할까? 이미지에 두 개의 물체가 있고 그 물체가 정말로 가까이 있는 경우를 생각해보자. 이때 작성한 알고리즘이 그 물체들이 다른 물체라고 판단하길 원할 것이다. 따라서 침식 연산을 통해 두 물체를 축소시켜서 두 물체 간의 차이가 명확해지게 한다. 침식의 또 다른 사용 예는 이미지에서 노이즈를 제거하는 것이다. 침식은 모든 종류의 노이즈를 제거하는 최선의 방법은 아니지만, 다음 이미지는 침식으로 처리할 수 있는 전형적인 노이즈의 예를 보여준다.

다음 그림은 침식 연산 후의 행렬 예다.

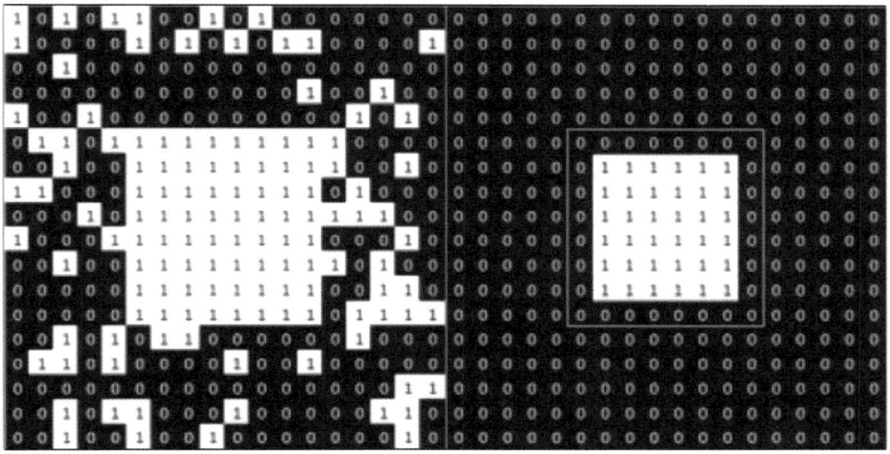

그림 8 침식 연산 후의 행렬 예. 원본 이미지는 왼쪽에, 결과는 오른쪽에 있다.

skimage는 모폴로지 모듈에서 침식 연산을 위한 binary_erosion( ) 함수를 제공한다. 이 함수는 특정 픽셀의 값을 인접 픽셀들의 최솟값으로 만든다.

함수의 사용 예는 다음과 같다.

```
from skimage import morphology
from skimage import io
img = io.imread('image.png')
eroded_img = morphology.binary_erosion(img)
io.imshow(eroded_img)
io.show( )
```

다음 그림은 침식 연산의 예다.

그림 9 침식 연산의 예. 원본 이미지는 왼쪽에, 결과는 오른쪽에 있다.

앞의 이미지에서 볼 수 있듯이 침식 연산 후에 글자가 조금 줄어들었다.

팽창

팽창은 침식의 반대다. 침식에서는 이미지의 일부를 축소하지만, 여기서는 이미지의 일부를 확장하려 한다. 팽창은 이미지의 작은 부분을 확대하려는 경우에 사용한다. 또한 이미지의 원하지 않는 틈/구멍을 메우고 싶을 때 유용하다(그림 10 참조). 다시 강조하자면, 팽창 연산은 원본 이미지의 구조와 모양을 유지한다.

다음 그림은 팽창 연산 후 행렬의 예를 보여준다.

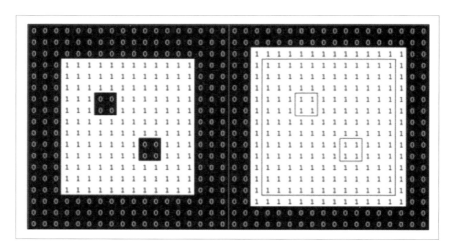

그림 10 주어진 행렬에 팽창 연산을 수행한 결과(왼쪽)

skimage는 모폴로지 모듈에서 팽창 연산을 위한 binary_dilation( ) 함수를 제공한다.

함수의 사용 예는 다음과 같다.

```
from skimage import morphology
from skimage import io
img = io.imread('image.png')
dilated_img = morphology.binary_dilation(img)
io.imshow(dilated_img)
io.show( )
```

다음 그림은 팽창 연산의 예다.

그림 11 팽창 연산의 예. 원본 이미지는 왼쪽에, 결과는 오른쪽에 있다.

커스텀 필터

지금까지 이미지 처리에 일반적으로 사용되는 필터를 살펴봤다. 이 필터들은 연구자와 개발자들이 많이 사용하지만, 자신만의 필터를 디자인하고 싶을 때도 있다. 이 경우 처음부터 다시 모든 합성곱 연산을 구현할 필요가 없다. skimage와 Pillow 모두 커스텀 필터를 이미지에 적용하는 옵션을 제공한다.

다음 함수는 Pillow에서 필터에 사용되는 커널을 만드는 데 사용할 수 있다.

```
>>> from PIL import ImageFilter
>>> kernel = ImageFilter.Kernel((3,3), [1,2,3,4,5,6,7,8,9])
```

커널 함수는 크기, 커널 가중치 값, 비율, 오프셋을 파라미터 입력으로 받는다. 여기서 크기는 행렬의 크기고 비율은 해당 픽셀이 나뉘는 값이며, 오프셋은 비율 조정 후에 더해지는 값이다. 기본 비율 값은 커널 가중치의 합이다. 다음 코드는 이미지에 커널을 적용하는 방법을 보여준다.

```
>>> from PIL import Image
>>> from PIL import ImageFilter
>>> img = Image.open("image.png")
>>> img = img.convert("L")
>>> new_img = img.filter(ImageFilter.Kernel((3,3),[1,0,-1,5,0,-5,1,0,1]))
>>> new_img.show()
```

이 필터는 커널을 입력으로 받는다.

다음 그림은 위 코드의 결과다.

그림 12 왼쪽은 원본 이미지고, 오른쪽은 필터 적용 결과다.

동일한 작업을 skimage로도 할 수 있다.

이미지 임계 처리

이미지 처리에서 임계 처리란 임계값에 따라 픽셀의 색상 값을 흰색 또는 검은색으로 변경하는 것을 의미한다. 픽셀 값이 임계값보다 큰 경우 픽셀을 흰색으로 설정하고, 그렇지 않으면 검은색으로 설정한다. 임계 처리에는 여러 종류가 있다. 그중 하나는 역 임계 처리며 기본 임계 처리와는 반대로 임계값보다 큰 값은 검은색으로, 작은 값은 흰색으로 설정한다.

이것은 이미지를 필터링하는 가장 간단한 방법 중 하나다. 1장, '이미지 처리에 대한 소개'에서 다뤘던 픽셀 값을 가져오고 픽셀 값을 설정하는 개념을 사용하면, 이미지 임계 처리에 대한 코드를 작성하는 것이 매우 간단해진다. scikit-image를 사용해 이미지 임계 처리를 구현하는 방법을 살펴보자.

다음 코드는 이미지 임계 처리를 구현한 것이다.

```
from skimage.filters import threshold_otsu, threshold_adaptive
from skimage.io import imread, imsave
from skimage.color import rgb2gray
img = imread('image.jpg')
img = rgb2gray(img)
thresh_value = threshold_otsu(img)
thresh_img = img > thresh_value
```

앞서 설명한 것처럼 이미지 임계 처리는 이미지의 배경이 균일한 간단한 경우에 효과적이다. 그러나 이미지의 배경이 균일하지 않은 경우도 있을 수 있으며, 이는 종종 발생한다. 이미지를 효과적으로 임계 처리하기 위해 전역 임계값을 사용하는 대신, 이미지의 각 부분에 대해 서로 다른 임계값을 계산할 수 있다. 이를 적응형 임계 처리adaptive thresholding라고 한다. 이름에서 알 수 있듯이 이미지의 각 부분마다 임계 처리를 적용한다. 적응형 임계 처리에 대한 코드는 독자를 위한 연습 문제로 남겨둔다.

▌ 에지 검출

이미지의 에지를 검출하는 것은 중요한 개념이며 많은 곳에 적용된다. 에지를 검출하면 이미지의 구조와 물체 경계에 대해 더 많이 알 수 있다. 에지는 이미지 내에서 픽셀 값에 중요한 변화가 있는 이미지의 일부로 정의된다. 즉, 이미지를 왼쪽에서 오른쪽으로 스캔한다고 가정할 때 이전 픽셀의 픽셀 값이 현재 픽셀의 픽셀 값보다 작음을 알 수 있다. 이를 통해 현재 픽셀이 에지 픽셀인지 판단할 수 있다. 이 장의 앞부분에서 봤듯이 이미지 미분은 픽셀 값의 변화를 찾는 방법이므로 기본적으로 이 방법을 통해 이미지의 에지를 찾을 수도 있다. 이미지 미분을 사용하면 인접한 픽셀 사이의 픽셀 값이 변경되는 픽셀을 찾을 수 있으며, 해당 픽셀은 에지의 일부가 될 수 있다. 이미지 미분만을 사용하는 것은 그다지 강력하지 않다. 노이즈가 많은 이미지는 잘못된 에지를 많이 생성해 비전 시스템의 전반적인 품질을 저하시킨다.

이 절에서 다루는 소벨 및 캐니 에지 검출기와 같은 더 정교한 에지 검출 기술이 있다. 이 기술은 좀 더 강인하고, 잘못된 결과를 덜 생성한다.

소벨 에지 검출기

소벨 에지 검출기의 기본 아이디어는 큰 크기의 그래디언트 값을 가진 픽셀을 찾는 것이다. 이제 변화뿐만 아니라 변화의 크기 값(이것 또한 그래디언트다.)을 이용한다. 그래디언트의 크기는 x 방향의 이미지 미분과 y 방향의 미분의 제곱 합에 대한 제곱근으로 계산된다. 그래디언트의 방정식은 다음과 같다.

$$\nabla f = \frac{\partial f}{\partial x} i + \frac{\partial f}{\partial y} j + \frac{\partial f}{\partial z} k$$

얼마나 큰 값을 고려해야 하는지 결정하기 위해 임계값을 설정한다. 그래디언트를 계산하고 특정 임계값을 초과하는 모든 그래디언트 값을 사용한다.

큰 그래디언트 값을 가진 픽셀을 사용하는 이유

속이 꽉 찬 검은색 상자를 생각해보자(그림 13 참조). 검은 상자 내의 모든 픽셀은 비슷한 픽셀 값을 가지지만 경계 또는 에지의 픽셀 값은 이웃 픽셀과는 다르게 갑작스럽게 변한다. 따라서 큰 그래디언트 값을 갖는 픽셀을 고려하는 것이 타당하다.

그림 13 큰 그래디언트 값을 가진 픽셀을 선택하는 이유를 설명하는 이미지

소벨 에지 검출 알고리즘에 사용되는 커널은 다음과 같다.

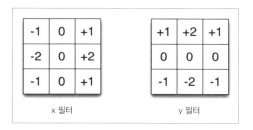

다음은 scikit-image를 이용해 에지를 찾는 코드다.

```
>>> from skimage import io
>>> from skimage import filters
>>> from skimage import color
>>> img = io.imread("image.png")
>>> img = color.rgb2gray(img)
>>> edge = filters.sobel(img)
>>> io.imshow(edge)
```

```
>>> io.show( )
```

다음 그림은 소벨 에지 검출의 결과다.

그림 14 왼쪽 이미지는 원래 이미지고, 오른쪽 이미지는 소벨 에지 검출기의 출력이다.

필터 모듈의 소벨 함수는 2D 배열을 입력으로 사용한다. 따라서 먼저 이미지를 그레이스케일 이미지로 변환해야 한다.

캐니 에지 검출기

캐니 에지 검출기는 또 다른 매우 중요한 알고리즘이다. 소벨 에지 검출기와 같은 그래디언트 개념을 사용하지만 소벨에서는 그래디언트의 크기만 고려했었다. 여기서는 에지를 찾기 위해 그래디언트의 방향을 함께 사용한다.

이 알고리즘은 다음 네 가지 주요 단계로 구성된다.

1. **부드럽게 하기**: 이 단계에서는 가우시안 필터를 이미지에 적용해 이미지의 노이즈를 줄인다.

2. **그래디언트 찾기**: 노이즈 제거 후에 x-미분과 y-미분을 계산해 그래디언트의 크기와 방향을 찾는다. 그래디언트는 항상 에지에 수직이므로 방향이 중요하다. 따라

서 그래디언트의 방향을 알면 에지의 방향도 찾을 수 있다.

3. **비최대 억제**nonmaximal suppression: 이 단계에서는 계산된 그래디언트가 그래디언트의 양의 방향과 음의 방향에 있는 인접한 점 사이에서 최댓값인지 여부를 확인한다. 즉 그래디언트 방향의 지역 최댓값인지 여부를 확인한다. 그 지역 내 최댓값이 아니면 그 점은 에지의 일부가 아니다. 다음 그림에서 점 (x_2, y_2)는 지역 최댓값이다. 이 점은 픽셀 값의 변화가 가장 크고, 에지의 일부지만 선 위의 다른 두 점은 픽셀 값에 큰 변화가 없으며, 지역 최댓값이 아니기 때문이다.

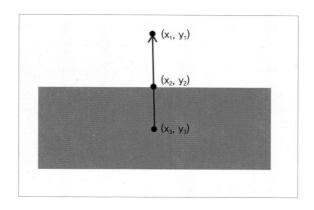

4. **임계값 처리**: 이 알고리즘에서는 하나의 임계값을 사용했던 소벨과 달리 두 개의 임계값, 즉 높은 임계값과 낮은 임계값을 사용한다. 이것을 히스테리시스 임계값hysteresis thresholding이라고 한다. 어떻게 작동하는지 이해해보자. 높은 임계값보다 큰 값을 가진 모든 에지 점들을 선택한 다음, 높은 임계값보다는 작지만 낮은 임계값보다 큰 이웃점이 있는지 확인한다. 이 이웃들도 그 에지의 일부가 될 것이다. 하지만 에지에서 큰 임계값보다 작은 값을 가진 점들은 선택되지 않는다.

위 단계들은 캐니 에지 검출 알고리즘을 이용해 에지를 검출하는 기본 과정이었다. 파이썬 3에서 이 알고리즘을 이용해 어떻게 에지를 찾는지 알아보자.

scikit-image 라이브러리는 feature 모듈에서 캐니 에지 검출을 위한 함수를 제공한다.

```
>>> from skimage import io
>>> from skimage import feature
>>> from skimage import color
>>> img = io.imread("image.png")
>>> img = color.rgb2gray(img)
>>> edge = feature.canny(img,3)
>>> io.imshow(edge)
>>> io.show()
```

이 함수는 이미지와 가우시안 필터의 표준 편차를 입력으로 받는다. 다음 그림은 결과다.

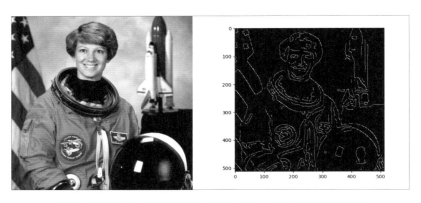

그림 15 왼쪽 이미지는 원래 이미지고, 오른쪽 이미지는 캐니 에지 검출의 결과다.

요약해보자. 지금까지 필터를 적용해 에지를 찾을 수 있었다. 이미지에서 원, 직선 또는 타원과 같은 특정 모양을 검출할 수 있을까? 이 절에서는 Hough 변환으로 알려진 방법을 이용해 이미지에서 이런 특정 모양을 검출하는 과정을 알아볼 것이다. Hough 변환은 특정 모양을 파라미터화하고 이미지에서 모양을 찾는 일반적인 프레임워크다. 이 책의 목적에 따라 직선과 원의 경우만 다루지만, 이 기술은 여러분이 상상하는 다른 형태로 확장될 수 있다. 직선 검출을 먼저 한 다음 원에 적용시켜보자.

Hough 직선

수학에서는 기울기와 상수(y축과의 교차점)라는 두 가지 파라미터를 이용해 선을 정의한다. 이 알고리즘에서는 같은 개념을 이용해 이미지에 있는 선들(있는 경우)의 기울기와 상수를 찾으려 한다. 이미지 속에 있는 두 점이 주어졌을 때, 직선의 방정식을 다음과 같이 표현해 선의 기울기와 y축과 만나는 지점을 계산한다. 예를 들어 두 점을 (x_1, y_1), (x_2, y_2)라고 하자.

직선 방정식은 다음과 같이 정의된다.

$$y = mx + c$$

(x_1, y_1)에서는 다음과 같다.

$$y_1 = mx_1 + c$$

(x_2, y_2)에서는 다음과 같다.

$$y_2 = mx_2 + c$$

(m, c)를 찾기 위해 이 방정식을 풀고 이 (m, c)를 만족하는 점들의 수를 파악한다. 전체 이미지에 대해 알고리즘을 실행한 후에 주어진 (m, c) 값의 쌍을 만족하는 점의 수를 알 수 있다. 이 값을 주어진 쌍에 대한 점수라고 하자. 수동으로 설정된 임계값을 사용해 임계값보다 큰 점수를 갖는 (m, c) 쌍만 선택한다. 알고리즘은 이러한 쌍을 반환하므로 사용자는 기울기와 상수 값을 사용해 선을 그릴 수 있다. 여기서 주목해야 할 점은 기울기와 상수 값만 사용하면 선의 끝점을 추측할 수 없으며, 이미지에 선을 정확하게 그릴 수 없다는 것이다. 이 문제를 해결하기 위해 점수와 함께 주어진 (m, c) 쌍에 해당하는 점 목록을 유지하고, 이를 사용해 끝점을 계산할 수 있다.

확률적 Hough 직선이라 불리는 Hough 직선의 다른 변형이 있다. 기본적으로 같은 일을 하지만, 직선 파라미터를 계산할 때는 다른 접근법을 사용한다. 다시 말해, 더 복잡한 수학이 필요하다.

다음 코드는 skimage를 사용해 Hough 직선을 사용하는 방법을 보여준다.

```
from skimage.transform import(hough_line, probabilistic_hough_line)
from skimage.feature import canny
from skimage import io, color
# 이미지를 읽음
image = io.imread('image.png')
image = color.rgb2gray(image)
# 맘에 드는 에지 검출 알고리즘을 적용한다. 여기서는 캐니를 사용한다
edges = canny(image, 2, 1, 25)
# 에지가 얻어지면, Hough 변환을 적용한다
lines = hough_line(image)
probabilistic_lines = probabilistic_hough_line(edges, threshold=10, line_length=5, line_gap=3)
# 연습 문제로 두 방법을 비교해볼 수 있다
```

 항상 에지에서만 Hough 변환을 실행해야 한다(왜 그런지 생각해보자).

Hough 원

Hough 원은 Hough 직선과 비슷하며, 수식만 변경된다. Hough 원의 경우 다음 방정식을 사용한다. 여기서 (h, k)는 원의 중심이고 r은 반경이다.

$$\left(x - h \right)^2 + \left(y - k \right)^2 = r^2$$

이제 기울기와 y축과 만나는 점 대신에 알고리즘은 이미지에 있는 점들을 사용해 원의 중심 좌표와 반지름을 찾는다.

▌ 요약

이 장에서는 먼저 이미지 필터와 합성곱에 대해 배웠다. 그런 다음 가우시안 블러, 중간값 필터, 침식 및 팽창과 같은 필터 예제를 살펴봤다. 이들은 주로 큰 컴퓨터 비전 시스템에서 전처리 단계로 사용되며, 단독으로는 거의 사용되지 않는다. 그런 다음 에지 검출과 같은 흥미로운 개념들을 알아봤는데, 여기서는 캐니와 소벨 에지 검출기에 대해 알아봤다. 에지 검출 또한 컴퓨터 비전에서 매우 중요한 역할을 하며, 이러한 개념을 잘 이해하면 앞으로 이 책에서 다룰 더 복잡한 알고리즘을 이해하는 데 도움이 된다. 마지막으로 Hough 변환을 사용해 이미지에서 고정된 모양을 검출하는 법을 배웠다.

다음 장에서 보게 될 것처럼, 일부 특징 검출 알고리즘은 이미지에 있는 에지를 이용해 유용한 특징을 추출한다.

03

특징들에 대해 더 알아보기: 물체 검출

실제 문제를 다루는 많은 경우에는 두 개의 이미지를 비교하거나 대용량 이미지 데이터베이스에서 물체의 이미지를 검색해야 한다. 구글의 이미지 검색이나 보안을 담당하는 기관의 지문 데이터베이스에서 사람의 지문을 검색하는 것이 그 예다. 데이터베이스에서 다른 모든 이미지와 이미지의 단순한 차이만을 고려한다면 이미지에 왜곡이나 작은 변화가 있기 때문에 대응되더라도 원하는 값을 얻을 수 없을 것이다. 그러면 이 문제를 어떻게 해결할 수 있을까? 색상, 크기, 회전 각도, 아핀 변환affine transformation과는 무관하게 이미지를 설명할 수 있는 방법이 필요하다. 컴퓨터 비전 관점에서 이미지를 이미지의 특징으로 설명하고자 한다. 이전 장에서는 그래디언트 및 에지와 같은 이미지의 기본 특징을 살펴봤지만, 어떤 이미지를 유일하게 설명하기에는 충분하지 않으며 밝기, 대비 등의 변형에 매우 취약하다. 에지만 사용하면 시계와 차량 핸들을 구분할 수 없는데 두 가지 모두 원을 구성하는 점 집합으로 표현되기 때문이다. 이와 같은 경우에 더 나은 특징 추출 방법이 필요하다. 이 장에서는 특징에 대한 지식을 확장하고 이미지의 세세한 부분을 표현하고 크기, 색, 회전에 강인하면서 불변인 더 진보된 특징들을 알아본다. 이 장에서 다룰 특징 목록은 다음과 같다.

- 코너 검출(해리스 코너)
- 직렬형 분류기(지역 이진 패턴LBP, Local Binary Pattern)
- ORBOriented FAST and Rotated BRIEF

앞서 설명한 알고리즘을 사용하기 전에 이미지 특징이 무엇인지, 그리고 왜 하고자 하는 일에 이 이미지 특징이 중요한지 간단히 살펴보자.

▌ 이미지 특징 다시 보기

이미지 그래디언트와 에지는 이미지의 다양한 물체 모양에 대한 많은 정보를 제공한다. 에지를 사용해 이미지에서 물체의 방향을 결정할 수도 있다. 그러나 이들은 약한 특징이며 항상 믿을 수는 없다. 이 특징들은 밝기, 대비, 배경의 변화에 매우 민감하다. 따라서 그래디언트나 에지보다 안정적인 특징이 필요하다. 이 문제를 해결하기 위해 코너, 지역 이진 패턴, BRISK, 방향 FAST 및 회전 BRIEF(ORB)와 같은 좀 더 복잡한 특징 설명자를 사용한다. 에지와 이미지 그래디언트를 사용하는 것보다 더 나은 성능을 내는 특징 설명자의 차이점을 이해하자.

좋은 특징 설명자는 크기, 회전, 이동에 영향을 받지 않아야 한다. 이는 이미지에 있는 차를 어떤 방법으로 설명할 수 있다면, 이미지가 절반으로 줄어들거나(크기 불변), 90도로 회전했을 경우에도 동일한 방식으로 이 차를 설명할 수 있어야 한다는 의미다. 특징 설명자가 이런 특성을 갖는다면 이미지 변화에 강인하고 실제 상황에서 잘 동작한다. 머신 러닝의 발전에 따라 연구자와 업계의 사람들은 이제 신경망을 사용해 이미지에서 특징을 추출한다. 이 장에서 살펴보겠지만, 이 방법은 기존의 방법에 비해 상당한 성능 향상을 이뤄냈다. 그렇지만 기존의 방법에서 특징 추출이 실제로 어떻게 이뤄지는지 이해하는 것은 중요하다.

이미지에 있는 코너로 정의할 수 있는 가장 기본적인 특징으로 시작할 것이다. 간단히 말하면 코너는 두 에지의 교점이다. 이미지의 모든 코너를 찾고 이것으로 이미지를 설명하는 방법으로 사용하는 것을 목표로 한다. 예를 들어, 탁자 윗면 그림을 가지고 있다고 가정해보자. 이미지에서 네 개의 코너를 계산한다. 탁자 윗면이 있는 또 다른 이미지가 주어졌을 때 "이것도 탁자 윗면 그림인가?"라고 질문할 수 있다. 이제 탁자에 대해 아는 것은 무엇인가? 네 코너를 가지고 있다는 것을 안다. 그러므로 주어진 새 이미지에서 코너의 수를 계산한다. 이 이미지에도 네 코너가 있으며, 새로운 이미지에 탁자가 있다는 것을 알 수 있다. 이 접근 방식에 문제가 있을까? 그렇다! 많은 물체가 네 개의 코너를 가질 수 있다. 그래서 코너는 이미지를 설명하는 최선의 방법이 아니지만, 이 장 뒷부분에서 배울 알고리즘의 핵심 요소임이 분명하다. 그리고 코너가 매우 유용하다는 것을 증명하는 경우가 있으며, 다음 절에서는 그것들에 대해 배울 것이다.

▌ 해리스 코너 검출

이미지에서 코너를 찾는 단순한 방법은 이미지의 모든 에지를 먼저 찾은 다음, 에지가 서로 교차하는지 확인하는 것이다. 이 방법은 어떤 경우 잘 작동하지만 실제 상황에서는 비효율적이며 동작하지 않는다. 해리스 코너^{Harris corner}와 같은 더 빠른 코너 검출 알고리즘을 살펴보자.

코너는 이미지에서 중요한 부분으로 여겨진다. 이미지 간의 관계, 비디오 안정화, 3D 모델링과 같은 많은 곳에 적용된다. 해리스 코너는 코너 검출에서 가장 많이 사용되는 기술 중 하나다. 해리스 코너 검출기는 밝기 변화를 계산하기 위해 이미지에 슬라이딩 윈도우^{sliding window}를 이용한다. 코너는 주변 값 변화가 크므로 모든 방향에서 큰 변화 값을 갖는 슬라이딩 윈도우의 위치를 이미지 내에서 찾는다. 그림 1은 이 개념을 보여준다. 해리스 코너 검출기는 수학적 수식을 사용해 그림 1에서 어떤 상황에 해당하는지 결정한다.

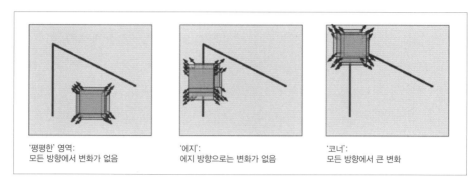

'평평한' 영역:　　　　　　　'에지':　　　　　　　　　　'코너':
모든 방향에서 변화가 없음　에지 방향으로는 변화가 없음　모든 방향에서 큰 변화

그림 1 해리스 코너 검출기의 여러 상황. 코너는 모든 방향에서 크게 변화하는 지점으로 정의된다.

코너 검출은 다음 값을 최대화하려고 한다.

$$\sum \left[I\left(x+u, y+v\right) - I\left(x, y\right) \right]^2$$

여기서 I는 이미지고, u는 슬라이딩 윈도우의 수평 방향 이동량이며, v는 수직 방향의 이동량이다.

다음은 scikit-image를 사용해 해리스 코너를 구현한 것이다.

```
from matplotlib import pyplot as plt
from skimage.io import imread
from skimage.color import rgb2gray
from skimage.feature import corner_harris, corner_subpix, corner_peaks
# 이미지를 읽는다
image = imread('test.png')
image = rgb2gray(image)


# 이미지에서 해리스 코너를 계산한다. 이것은 이미지에서 각 픽셀의 코너 측정 응답 값을 반환한다
corners = corner_harris(image)
# 코너 응답 값을 이용해 이미지에 있는 실제 코너를 계산한다
```

```
coords = corner_peaks(corners, min_distance=5)
# 이 함수는 코너가 에지 점인지 아니면 고립된 점인지 결정한다
coords_subpix = corner_subpix(image, coords, window_size=13)
fig, ax = plt.subplots()
ax.imshow(image, interpolation='nearest', cmap=plt.cm.gray)
ax.plot(coords[:, 1], coords[:, 0], '.b', markersize=3)
ax.plot(coords_subpix[:, 1], coords_subpix[:, 0], '+r', markersize=15)
ax.axis((0, 350, 350, 0))
plt.show()
```

이 코드의 구조를 크게 보면 이전에 보여준 것과 동일하다. 먼저 알고리즘을 적용할 이미지를 불러온다. 그런 다음 corner_harris() 함수를 사용해 해리스 코너 응답을 계산한다. 해리스 검출기 알고리즘은 corner_harris() 함수에 구현돼 있으며, 나머지 함수들은 개발자가 분석할 때 도움을 주는 출력을 만든다. 이 함수들을 하나씩 살펴보자.

- corner_harris: 이것은 이미지의 각 픽셀에 대해 픽셀이 코너 픽셀일 가능성을 측정하는 함수다. 해리스 코너 검출기의 정확한 수학적 측면은 이 책의 범위를 벗어나지만, 이전에 봤듯이 모든 방향에서 중요한 변화를 보여주는 패치를 이미지에서 찾으려 한다. 그리고 패치의 중심 픽셀은 가능한 코너 픽셀로 표시된다.

- corner_peaks: 이 함수는 carner_harris() 함수가 제공한 측정 값을 사용해 이미지의 실제 코너를 찾는다. 이 함수는 이미지에 표시할 때 사용할 수 있는 코너 픽셀 좌표를 반환한다.

- corner_subpix: corner_peaks에서 얻은 결과를 미세 조정하는 데 도움이 되는 함수다. 예를 들어 점이 두 코너의 교차점인지 아니면 실제(사각형과 같은 곳의) 코너인지 구별한다. 사용하려는 곳에서 이 수준의 분류를 요구하지 않는다면 함수를 사용할 필요는 없다.

주어진 코드의 출력은 다음과 같다.

그림 2 빨간색 십자(+) 기호는 해리스 코너 검출기에서 검출한 코너를 나타낸다.

여기서 주목해야 할 점은 해리스 코너는 회전 및 이동에 따라 변하지 않는다는 것이다. 코너가 이미지에서 새로운 위치로 이동하거나 임의의 각도로 회전하더라도 알고리즘은 여전히 코너를 검출할 수 있다.

▌지역 이진 패턴

지역 이진 패턴^{LBP, Local Binary Pattern}은 컴퓨터 비전에서 널리 사용되는 직렬형 분류기 형태다. 그러나 LBP를 이해하기에 앞서 일반적으로 직렬형 분류기가 무엇인지 이해해보자. 분류기는 모델(일반적으로 많은 학습 이미지를 사용해 학습된 모델)을 기반으로 이미지를 입력으로 받고 이미지의 레이블을 출력하는 블랙박스와 유사하다. 간단한 분류기의 예는 5장, '컴퓨터 비전과 머신 러닝의 통합'과 6장, '신경망을 이용한 이미지 분류'에서 실제로 구현할 숫자 분류기다. '직렬형'은 일종의 사슬을 만드는 것을 의미하며, 지금 상황에서는 분류기 체인을 만드는 것을 의미한다. 한 분류기의 출력은 다음 분류기에 대한 입력으로서 전달된다. 직렬형 분류기의 두 가지 유명한 예로는 Haar 직렬형 분류기^{Haar Cascades}와 LBP가 있다. 이 절에서는 LBP만 살펴본다.

LBP에서 8비트 이진 특징 벡터는 여덟 개의 이웃 픽셀(좌측 상단, 상단, 우측 상단, 좌측, 우측, 좌측 하단, 하단, 우측 하단)을 고려해 이미지의 각 픽셀에 대해 생성된다. 모든 이웃 픽셀에는 그에 대응되는 비트가 있고, 픽셀 값이 중심 픽셀 값보다 클 경우 해당 비트에 값 1이 할당되고 그렇지 않으면 0이 할당된다. 8비트 특징 벡터는 이진 숫자로 다뤄지고(나중에 십진수로 변환한다.), 각 픽셀의 십진수 값을 사용해 256개의 구간을 갖는 히스토그램이 계산된다. 이 히스토그램은 이미지를 표현하는 방법으로 사용된다.

LBP 특징에는 다음 그림과 같이 기본 요소가 코딩돼 있다.

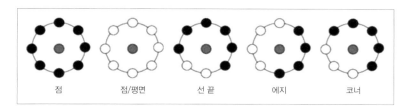

그림 3 텍스처 기본 요소의 예

이전 단락에서 설명한 8비트 이진 특징 벡터를 사용해, 그림 3에 표시된 기본 요소들을 확인할 수 있다. 속이 빈 원은 인접 픽셀이 중심 픽셀보다 크다는 것을 나타내고, 검은색으로 채워진 원은 인접 픽셀의 값이 중심 픽셀보다 작다는 것을 의미한다.

다음은 LBP 직렬형 분류기를 구현한 코드다.

```
from skimage.transform import rotate
from skimage.feature import local_binary_pattern
from skimage import data
from skimage.color import label2rgb
import numpy as np
# 알고리즘을 테스트하기 위해 세 개의 다른 이미지를 불러옴
brick = data.load('brick.png')
grass = data.load('grass.png')
```

```
wall = data.load('rough-wall.png')
# 세 개의 이미지에 대해 LBP 특징 계산
brick_lbp = local_binary_pattern(brick, 16, 2, 'uniform')
grass_lbp = local_binary_pattern(grass, 16, 2, 'uniform')
wall_lbp = local_binary_pattern(wall, 16, 2, 'uniform')
# 이 이미지들을 22도 회전
brick_rot = rotate(brick, angle = 22, resize = False)
grass_rot = rotate(grass, angle = 22, resize = False)
wall_rot = rotate(wall, angle = 22, resize = False)
# 회전된 모든 이미지에서 LBP 특징을 계산
brick_rot_lbp = local_binary_pattern(brick_rot, 16, 2, 'uniform')
grass_rot_lbp = local_binary_pattern(grass_rot, 16, 2, 'uniform')
wall_rot_lbp = local_binary_pattern(wall_rot, 16, 2, 'uniform')
# 벽돌 이미지를 선택하고 회전된 이미지들 중에서 가장 잘 대응되는 이미지를 찾음
# LBP 특징을 담은 목록 생성
bins_num = int(brick_lbp.max() + 1)
brick_hist, _ = np.histogram(brick_lbp, normed=True, bins=bins_num,
range=(0,bins_num))
lbp_features = [brick_rot_lbp, grass_rot_lbp, wall_rot_lbp]
min_score = 1000 # Set a very large best score value initially
winner = 0 # 가장 잘 대응되는 이미지의 인덱스를 저장하기 위한 값
idx = 0
for feature in lbp_features:
    histogram, _ = np.histogram(feature, normed=True, bins=bins_num,
range=(0,bins_num))
    p = np.asarray(brick_hist)
    q = np.asarray(histogram)
    filter_idx = np.logical_and(p != 0, q != 0)
    score = np.sum(p[filter_idx] * np.log2(p[filter_idx] / q[filter_idx]))
    if score < min_score:
        min_score = score
        winner = idx
    idx = idx + 1
if winner == 0:
    print('Brick matched with Brick Rotated')
elif winner == 1:
    print('Brick matched with Grass Rotated')
elif winner == 2:
```

```
print('Brick matched with Wall Rotated')
```

앞의 코드를 분석해보자. 코드에서는 LBP를 사용해 입력으로 주어진 이미지에 가장 잘 대응되는 이미지를 찾는다. 이를 위해 skimage에서 제공하는 벽돌, 벽, 잔디를 먼저 불러온다. 이미지를 불러온 후 local_binary_pattern() 함수를 사용해 세 이미지에서 LBP 특징을 계산한다. 이 함수의 파라미터는 이미지의 픽셀 주변에서 고려해야 할 반경의 크기와 점의 수다. 반경과 점의 수를 각각 2와 16으로 설정한다. 이것은 정해져 있는 숫자가 아니며 적용 예에 따라 변경될 수 있다. 세 개의 이미지 모두가 LBP 특징을 갖게 되면 원본 이미지를 임의의 각도(앞의 코드의 경우 22도)만큼 회전시킨다.

이제 회전된 이미지의 LBP 특징을 계산하고, 이 특징을 사용해 원본 이미지와 가장 일치하는 이미지를 찾는다. 이 예에서는 회전된 이미지에서 가장 일치하는 이미지를 찾기 위해 벽돌 이미지를 사용한다. for 루프에서 벽돌 LBP 특징과 모든 회전된 이미지 특징을 하나씩 맞춰본다. 그런 다음 쿨백–라이블러 발산_{KLD, Kullback Leibler Divergence}[1]을 계산해 LBP 특징 사이의 대응 점수를 계산한다. 다음 코드는 대응 점수를 계산한다.

```
p = np.asaray(brick_hist)
q = np.asarray(histogram)
filter_idx = np.logical_and(p != 0, q != 0)
score = np.sum(p[filter_idx] * np.log2(p[filter_idx] / q[filter_idx]))
```

이 점수를 사용해 가장 일치하는 것을 찾는다.

Haar 직렬형 분류기와 비교해보면, LBP는 0과 1 값을 이용하기 때문에 소수형이 아닌 정수형을 이용한다는 특징이 있다. 그러므로 LBP가 학습 및 테스트가 더 빠르고 임베디드 응용프로그램에서는 더 선호된다. LBP의 또 다른 중요한 특성은 조명 변화에 강인하다는 것이다.

---

1 두 확률 분포의 차이를 계산하는 데 사용되는 함수다. – 옮긴이

▌ ORB

ORB는 OpenCV 연구소에서 2011년 Ethan Rublee, Vincent Rabaud, Kurt Konolige, Gary R. Bradski에 의해 기존 SIFT 및 SURF 알고리즘의 대안으로 개발됐다. SIFT와 SURF가 특허권이 있는 알고리즘이므로 ORB가 개발됐고 이 ORB는 자유롭게 사용할 수 있다.

ORB는 특징 검출 작업에서 SIFT와 비슷한 성능을 내며(SURF보다 낫다.) 거의 두 배 빠르다. ORB는 잘 알려진 FAST 키포인트 검출기와 BRIEF 설명자를 기반으로 한다. 이 두 기술은 성능이 뛰어나고 비용이 저렴하기 때문에 매력적이다. ORB의 특징은 다음과 같다.

- FAST에 빠르고 정확한 방향 구성 요소 추가
- 방향 BRIEF 특징의 효율적인 계산
- 방향 BRIEF 특징의 분산 및 상관관계 분석
- 회전 불변 조건에서 BRIEF 특징의 상관관계를 제거하는 학습 방법은 가장 가까운 이웃을 찾는 문제에서 좀 더 나은 성능을 냄

oFAST: FAST 키포인트 방향

FAST는 빠르게 연산을 할 수 있는 것으로 널리 알려진 특징 검출 알고리즘이다. 이 알고리즘은 특징들을 고유하게 판별하는 설명자를 갖지 않는다. 또한 방향 성분이 없으므로 평면 내 회전과 비율 변경에서 성능이 떨어진다. ORB가 FAST 특징에 방향 구성 요소를 어떻게 추가했는지 살펴보자.

FAST 검출기

먼저 FAST 키포인트를 검출한다. FAST는 중심 픽셀과 그 주변 원형 링 사이의 임계값을 나타내는 파라미터 하나를 입력으로 받는다. 9픽셀만큼의 반지름 값을 사용했을 때 좋은

성능을 내기 때문에 이 값을 사용한다. FAST는 에지를 따라 키포인트도 생성한다. 이를 위해 해리스 코너 측정 값을 사용해 키포인트를 정렬한다. N개의 키포인트가 필요하면 N개 이상의 키포인트를 생성할 수 있을 만큼 임계값을 낮게 유지하고, 해리스 코너 측정 값을 기반으로 상위 N개를 선택한다.

FAST는 크기 변화에 대한 특징을 생성하지 않는다. ORB는 이미지의 크기 피라미드scale pyramid of image[2]를 사용하고 피라미드의 각 레벨에서 FAST 특징(해리스로 변경된 것)을 생성한다.

강도 값 중심에 의한 방향

코너에 방향을 지정하기 위해 강도 값의 중심을 사용한다. 코너가 강도 중심에서 벗어난 것으로 가정하고 이 벡터를 키포인트의 방향을 지정하는 데 사용한다.

중심 좌표를 계산하기 위해 모멘트moment 값을 사용한다. 모멘트는 다음과 같이 계산한다.

$$m_{pq} = \sum_{x,y} x^p y^p I(x,y)$$

중심의 좌표는 다음과 같이 계산할 수 있다.

$$C = \left(\frac{m_{10}}{m_{00}}, \frac{m_{01}}{m_{00}} \right)$$

키포인트의 중심 O에서 강도 중심 C까지의 벡터 OC를 구성한다. 패치의 방향은 다음과 같이 얻게 된다.

---

2 이미지 크기 변화에 대응하기 위해 입력 이미지를 여러 크기로 변화시켜 여러 장의 이미지를 생성하는 것. 크기에 따라 여러 레벨의 이미지가 생성된다. – 옮긴이

$$\theta = atan2\left(m_{01}, m_{10}\right)$$

여기서 *atan2*는 *arc tan*에 사분면 판단 기능이 추가된 함수다. 이 측정 값이 회전에 영향을 받지 않도록 하기 위해 x와 y로 반경 r의 원형 영역 내에서 모멘트를 계산한다. *x*와 *y*가 *[-r, r]*에서 실행되도록 실험적으로 패치 크기 r을 선택한다. │ C │가 0에 가까워지면 측정 값이 불안정해지는데, 이런 현상은 FAST를 사용하는 경우 드물게 발생한다. 이 방법은 노이즈가 많은 이미지에서도 효과적이다.

rBRIEF: 회전 인식 BRIEF

BRIEF는 빠른 계산 속도로 알려져 있는 특징 설명 알고리즘이다. 그러나 BRIEF는 회전에 취약하다. ORB는 BRIEF의 속도적 이점을 잃지 않고 이 기능을 추가한다. BRIEF에서 *n*개의 이진 테스트로 얻은 특징 벡터는 다음과 같다.

$$f\left(n\right) = \sum_{1 < i < n} 2^{i-1} \tau\left(p; x_i, y_i\right)$$

$\tau(p; x, y)$는 다음과 같이 정의됨

$$\tau\left(p; x, y\right) = \begin{cases} 1 & : p\left(x\right) < p\left(y\right) \\ 0 & : p\left(x\right) \geq p\left(y\right) \end{cases}$$

$p(x)$는 픽셀 x에서의 강도 값

조정된 BRIEF

BRIEF의 매칭 성능은 평면상에서 조금만 회전해도 급격히 떨어진다. ORB에서는 키포인트의 방향에 따라 BRIEF를 조정하는 방법을 제안한다. 위치 (x_i, y_i)에서 n번의 이진 테스트를 하면 특징 모음이 생기고 이것은 2×n 행렬로 구성된다.

$$S = \begin{pmatrix} x1, \ldots x_n \\ y1, \ldots y_n \end{pmatrix}$$

패치 방향 θ와 해당 회전 행렬 R_θ를 이용해 S의 조정된 버전 S_θ를 구한다.

$$S_\theta = R_\theta S$$

조정된 BRIEF 연산은 이제 다음과 같이 된다.

$$g_n(p, \theta) = f_n(p) \mid (\mathbf{x}_i, \mathbf{y}_i) \in S_\theta$$

각도를 $2\pi / 30$(12도)씩 나누고 미리 계산된 BRIEF 패턴으로 이뤄진 룩업 테이블lookup table을 구성한다. 시야 안에 있는 키포인트의 방향 θ가 일관된다면, 그에 속하는 점들 S_θ로 설명자를 계산한다.

분산과 상관관계

BRIEF의 특성 중 하나는 각 비트의 특징이 큰 분산과 0.5에 가까운 평균을 갖는 것이다. 평균이 0.5면 각 비트 특징은 최대 0.25의 샘플 분산을 갖는다. 조정된 BRIEF는 이진 테스트를 좀 더 균일한 형태로 만든다. 분산이 높으면 특징이 입력에 따라 더욱 다르게 반응한다.[3]

이 경우와 같이 특징들 간에 상관관계가 없는 것이 바람직하며, 각각의 테스트는 결과에 영향을 미친다. 가능한 모든 이진 테스트 중에서 가장 높은 분산을 가지며(그리고 평균은 0.5에 가깝고) 서로 상관관계가 없는 테스트를 찾는다.

---

3   분산이 높아질수록 각 특징들의 테스트 결과가 균일해진다. 즉 다양한 특징을 갖게 된다. – 옮긴이

ORB는 rBRIEF 알고리즘을 다음과 같이 만든다.

PASCAL 2006 세트 이미지에서 가져온 300개의 키포인트에 대한 테스트 세트를 만든다. 그런 다음 31×31 픽셀 패치에서 계산한 모든 이진 테스트 결과를 나열한다. 각 테스트는 패치의 크기보다 작은 5×5 크기의 작은 윈도우에 대해 이뤄진다. 패치의 너비가 wp = 31이고 테스트에 사용된 작은 윈도우의 너비가 wt = 5인 경우 N = $(wp-wt)^2$개의 작은 윈도우를 만들 수 있다. 여기서 두 개의 쌍들을 선택한다면 $\binom{N}{2}$개의 이진 테스트를 할 수 있다. 서로 겹치는 테스트를 제거한다면 최종적으로 N = 205,590개의 테스트가 가능하다. 알고리즘은 다음과 같다.

1. 모든 테스트 패치에 대해 각 테스트를 실행한다.
2. 평균값 0.5부터의 거리로 순위를 매기고 벡터 T를 만든다.
3. 가장 유망한 값을 우선적으로 취하는 검색greedy search을 수행한다.
    1. 첫 번째 테스트를 결과 벡터 R에 넣고 T에서 제거한다.
    2. T에서 다음 테스트를 수행하고, R에 있는 모든 테스트 결과와 비교한다. 만약 상관 값이 임계값보다 크다면 무시하고, 그렇지 않으면 R에 추가한다.
    3. R 안에 256개의 테스트가 있을 때까지 앞의 단계를 반복한다. 256보다 작으면 임계값을 올리고 다시 시도한다.

rBRIEF는 조정된 BRIEF에 비해 분산 및 상관관계가 현저하게 개선된다. ORB는 실외 데이터 세트에서 SIFT 및 SURF보다 성능이 우수하다. 실내 데이터 세트에서는 거의 비슷한 성능을 보이고 SIFT와 같은 블롭blob4 키포인트 검출 방법은 그래피티 형태의 이미지에 대해 좋은 결과를 낸다.

다음 코드는 skimage를 사용해 ORB를 구현한 것이다.

---

4 이미지에서 일정한 특성(밝기, 색 등)이 유지되는 영역이다. – 옮긴이

```
from skimage import data
from skimage import transform as tf
from skimage.feature import(match_descriptors, corner_harris,corner_peaks, ORB,
plot_matches)
from skimage.color import rgb2gray

import matplotlib.pyplot as plt
# 원본 이미지 읽기
image_org = data.astronaut()
# 그레이스케일 이미지로 변환
image_org = rgb2gray(image_org)
# 이미지를 회전시켜서 이미지를 준비함. 특징점 대응을 보여주기 위함
image_rot = tf.rotate(image_org, 180)
# 이미지에 아핀 변환을 적용해 다른 이미지 생성
tform = tf.AffineTransform(scale=(1.3, 1.1), rotation=0.5, translation=(0, -200))
image_aff = tf.warp(image_org, tform)
# ORB 특징점 기술자를 초기화
descriptor_extractor = ORB(n_keypoints=200)
# 원본 이미지에서 특징 추출
descriptor_extractor.detect_and_extract(image_org)
keypoints_org = descriptor_extractor.keypoints
descriptors_org = descriptor_extractor.descriptors
descriptor_extractor.detect_and_extract(image_rot)
keypoints_rot = descriptor_extractor.keypoints
descriptors_rot = descriptor_extractor.descriptors
descriptor_extractor.detect_and_extract(image_aff)
keypoints_aff = descriptor_extractor.keypoints
descriptors_aff = descriptor_extractor.descriptors
matches_org_rot = match_descriptors(descriptors_org, descriptors_rot, cross_
check=True)
matches_org_aff = match_descriptors(descriptors_org, descriptors_aff, cross_
check=True)
fig, ax = plt.subplots(nrows=2, ncols=1)
plt.gray()
plot_matches(ax[0], image_org, image_rot, keypoints_org, keypoints_rot,matches_
org_rot)
ax[0].axis('off')
```

```
ax[0].set_title("Original Image vs. Transformed Image")
plot_matches(ax[1], image_org, image_aff, keypoints_org, keypoints_aff,matches_
org_aff)
ax[1].axis('off')
ax[1].set_title("Original Image vs. Transformed Image")
plt.show()
```

앞의 코드에서는 원본 이미지에서 추출한 ORB 특징 값을 회전하거나 모양을 변형한 이미지에서 추출한 특징 값과 비교한다. 이것은 ORB 특징이 회전, 크기 변화, 시점 변화와 같은 변형에 따라 변하지 않음을 보여준다.

위 코드의 결과는 다음과 같다.

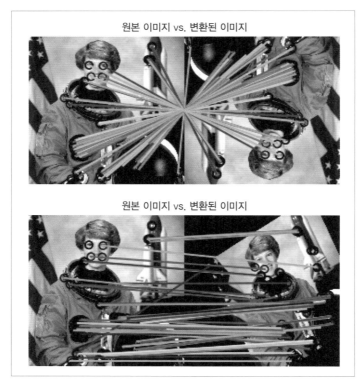

그림 4 위 그림은 원본 이미지와 회전한 이미지 간의 특징점 대응 결과를 보여주고,
아래 그림은 원본 이미지와 아핀 변환한 이미지 간의 대응 결과를 보여준다.

█ 이미지 이어 붙이기

오늘날 대부분의 휴대전화 카메라에는 파노라마 촬영 기능이 있다. 어떻게 작동하는지 궁금해했던 적이 있는가? 파노라마 이미지는 이미지 이어 붙이기^{image stitching}라는 개념을 기반으로 하며, 화면이 겹치는 여러 개의 이미지를 촬영하고 이미지의 공통 부분을 결합한 것이다. 과정을 설명하기 위해 그림 5를 보자. 그림에 있는 두 이미지는 그 사이에 공통 영역이 있다. 이 절의 목표는 하나의 큰 이미지를 만들기 위해 이미지를 서로 붙이는 것이다.

그림 5 더 큰 이미지를 만들기 위해 이 두 이미지를 결합하고자 한다. 이미지 사이의 공통 영역을 주목하자. 공통 영역은 이미지를 이어 붙이는 데 사용될 것이다.

이미지를 이어 붙이는 것은 이미지 특징 추출과 대응이 사용되는 예다. 이전 절에서 얻은 지식을 사용해 실제 상황에 적용해보자. 두 개의 이미지를 결합하려면 이미지 간에 공통점을 찾는 것이 먼저다. 그림 5에 있는 두 개의 이미지에서 다리를 지탱하는 기둥의 끝을 맞추길 원한다. 마찬가지로, 가능한 한 많은 점들을 대응시키길 원한다. 일단 대응 점이 생기면 대응된 점을 사용해 두 이미지를 서로 겹쳐서 정렬하고자 한다. 이전 절에서는

ORB로 이미지에서 특징을 추출하고 다른 이미지에서 동일한 물체를 찾는 방법을 알아봤다. 두 이미지 간의 대응 점을 찾기 위해 동일한 기술을 사용할 것이다.

다음 코드는 주어진 이미지를 이어 붙여서 하나의 합쳐진 이미지를 만든다(그림 5 참조).

```python
from skimage.feature import ORB, match_descriptors
from skimage.io import imread
from skimage.measure import ransac
from skimage.transform import ProjectiveTransform
from skimage.color import rgb2gray
from skimage.io import imsave, show
from skimage.color import gray2rgb
from skimage.exposure import rescale_intensity
from skimage.transform import warp
from skimage.transform import SimilarityTransform
import numpy as np
image0 = imread('goldengate1.png')
image0 = rgb2gray(image0)
image1 = imread('goldengate2.png')
image1 = rgb2gray(image1)
orb = ORB(n_keypoints=1000, fast_threshold=0.05)
orb.detect_and_extract(image0)
keypoints1 = orb.keypoints
descriptors1 = orb.descriptors
orb.detect_and_extract(image1)
keypoints2 = orb.keypoints
descriptors2 = orb.descriptors
matches12 = match_descriptors(descriptors1, descriptors2, cross_check=True)
src = keypoints2[matches12[:, 1]][:, ::-1]
dst = keypoints1[matches12[:, 0]][:, ::-1]
transform_model, inliers = ransac((src, dst), ProjectiveTransform, min_samples=4,
residual_threshold=2)
r, c = image1.shape[:2]
corners = np.array([[0, 0], [0, r], [c, 0],[c, r]])
warped_corners = transform_model(corners)
all_corners = np.vstack((warped_corners, corners))
corner_min = np.min(all_corners, axis=0)
```

```
corner_max = np.max(all_corners, axis=0)
output_shape = (corner_max - corner_min)
output_shape = np.ceil(output_shape[::-1])
offset = SimilarityTransform(translation=-corner_min)
image0_warp = warp(image0, offset.inverse, output_shape=output_shape, cval=-1)
image1_warp = warp(image1, (transform_model + offset).inverse, output_
shape=output_shape, cval=-1)
image0_mask = (image0_warp != -1)
image0_warp[~image0_mask] = 0
image0_alpha = np.dstack((gray2rgb(image0_warp), image0_mask))
image1_mask = (image1_warp != -1)
image1_warp[~image1_mask] = 0
image1_alpha = np.dstack((gray2rgb(image1_warp), image1_mask))
merged = (image0_alpha + image1_alpha)
alpha = merged[..., 3]
merged /= np.maximum(alpha, 1)[..., np.newaxis]
imsave('output.png', merged)
```

앞의 코드에서는 그림 5에 표시된 두 개의 이미지를 image0와 image1 변수로 불러온다.
그런 다음, 두 개의 이미지에서 ORB 특징을 찾는다(ORB 알고리즘에 대한 자세한 내용은 이전
절 참조). 두 이미지에 대한 ORB 특징을 계산한 후 이미지의 특징을 대응시킨다. 대응하는
특징은 matches12 변수에 저장된다. 다음 두 줄에서는 두 이미지에서 일치하는 특징을 추
출해 src 및 dst 변수에 저장한다.

```
src = keypoints2[matches12[:, 1]][:, ::-1]
dst = keypoints1[matches12[:, 0]][:, ::-1]
```

다음 작업은 입력 이미지를 목표 이미지에 투영할 때 사용할 투영 모델을 찾는 것이다. 이
모델을 통해 입력 이미지와 목표 이미지가 어떻게 정렬되는지 알 수 있다. 예를 들어 목표
이미지가 30도 회전될 수도 있다. 투영 변환을 사용하면 입력 이미지에 정렬하기 위해 목
표 이미지를 반대 방향으로 30도 회전해야 하는 것을 알 수 있다. 이미지 간에 겹쳐진 크
기를 추정해서 두 개의 이미지를 이어 붙이고, 최종 이미지의 크기를 계산할 수 있다. 이를

위해 대응된 점들에서 가장 먼 코너 간의 차이를 이용한다. 코너 간 차이는 output_shape 에 저장돼 있다. 그리고 앞서 계산한 투사 변환에 따라 이미지를 변형시킨다. 이미지를 변형시키는 것은 특정 방식으로 이미지를 비트는 작업을 의미한다. 예를 들어, 위의 경우 두 이미지에서 일치하는 부분을 축소시켜서 이미지를 변형시킨다(최종 결과는 그림 6 참조). 마지막으로 이미지에 알파 채널을 추가한 후 변형된 이미지를 합친다. 알파 채널[5]이 추가돼 두 이미지가 적절하게 혼합된다. 앞 코드의 최종 출력은 그림 6과 같다.

그림 6 그림 5의 두 개 이미지가 이어 붙여진 버전

위의 예에서는 이미지 두 개만 사용했지만, 이 기술을 확장해 원하는 만큼 이미지를 이어 붙일 수 있다. 이 기술은 동일하게 유지된다. 이 기술은 휴대전화 카메라가 파노라마 촬영 을 하는 방법이기도 하다.

---

5   이미지에서 투명도를 나타내는 채널 – 옮긴이

▌ 요약

이 장에서는 해리스 코너 검출, 지역 이진 분류기, ORB와 같은 다양한 특징 검출 알고리즘을 살펴봤다. 이러한 알고리즘을 사용하면 실제 시나리오에서 이미지 대응을 수행할 수 있다. LBP, ORB와 같은 알고리즘은 이미지에서 회전, 이동, 기타 작은 왜곡에 영향을 받지 않는 특징을 계산한다. 이미지에서 코너를 검출하는 것은 서로 다른 이미지에서 동일한 점을 찾고 두 이미지 간에 관련성을 찾아 이미지를 이어 붙이는 경우에 유용하다. 다음 장에서는 이미지 분할과 그 적용 예를 살펴볼 것이다.

04

분할: 이미지 더 이해하기

이전 장에서는 이미지 속에 있는 다양한 물체를 설명하는 데 도움이 되는 이미지 특징을 찾는 기술들을 살펴봤다. 또한 이미지에서 얼굴을 감지하는 데 도움이 되는 Haar 직렬형 분류기를 살펴봤다. 이러한 알고리즘들의 특별한 점은 지역적 특성이다. 모든 알고리즘은 픽셀을 특징 픽셀로 표시하기 위해 이웃 픽셀을 살펴본다. 이 장에서는 이것에 대해 좀 더 자세히 살펴보고 주어진 이미지를 다른 관점에서 분석해본다. 그리고 이미지의 더 큰 영역을 관찰하고 그로부터 의미 있는 결론을 도출하는 데 도움이 될 기술을 살펴볼 것이다. 이렇게 하면 이미지를 배경, 전경, 물이 있는 지역, 풀이 있는 지역과 같은 영역으로 분할하는 데 도움이 된다.

이 장에서 살펴볼 알고리즘과 기술 목록은 다음과 같다.

- 윤곽선 검출
- 워터쉐드 알고리즘^{watershed algorithm}
- 슈퍼픽셀^{superpixel}
- 그래프 컷^{graph cut}

▌ 이미지 분할 소개

분할은 정확히 무엇일까? 이미지 분할은 이미지를 의미 있는 정보를 개별적으로 담고 있는 작은 영역으로 나눠서 전체 내용을 이해하는 데 도움을 주는 과정이다. 예를 들어 다음 이미지를 살펴보자(그림 1). 왼쪽에는 원본 이미지가 있고, 오른쪽에는 분할된 해당 이미지가 있다. 그림에서 볼 수 있듯이 알고리즘은 이미지의 유사한 부분을 그룹화했다. 덤불이 있는 배경은 짙은 녹색으로 그룹화됐다. 노란 풀과 풀 앞에 있는 동물은 하나로 칠해졌다. 이 장에서는 이와 유사한 결과를 얻는 데 도움이 되는 여러 기술을 살펴볼 것이다. 노란 풀과 동물 앞에 있는 풀이 하나의 색으로 칠해졌다. 모든 기술이 그렇듯 모든 상황에서 제대로 동작하는 것은 아니므로 몇 가지 기술을 알고 있으면 도움이 된다.

그림 1 왼쪽 및 오른쪽 이미지는 원래 이미지와 분할된 이미지를 보여준다.

각 알고리즘을 구체적으로 살펴보기 전에 이 알고리즘들이 내부적으로 어떻게 색을 기반으로 클러스터링하는지 알아보면 유익하다. 이러한 알고리즘 간의 유일한 차이점은 클러스터링에 사용되는 파라미터다. 일부는 유클리드 거리만을 사용하고, 또 다른 일부는 더 복잡한 수식을 사용한다. 이와 관련된 내용은 다음 절에서 살펴볼 것이다.

█ 윤곽선 검출

가장 쉬운 분할 기법 중 하나인 윤곽선부터 시작해보자. 간단히 말해, 윤곽선은 이미지에 있는 물체의 경계다. 예를 들어 이미지에 여러 종류의 병이 있고 각각의 병을 분할한다고 가정해보자. 윤곽선 검출 알고리즘은 각 병의 경계를 따라 닫힌 루프를 형성하려 한다. 이미지에서 닫힌 각 루프가 윤곽선이다. 윤곽선은 에지와 비슷해 보인다. 하지만 이 둘 사이에는 미묘한 차이가 있다. 윤곽선은 항상 닫힌 루프를 형성하지만 에지는 열려 있을 수 있다. 윤곽선 검출 알고리즘은 코너를 그룹화해 닫힌 루프를 만든다.

다음은 이미지에서 윤곽선을 추출하는 데 사용되는 코드다. 더 나은 결과를 얻으려면 먼저 이미지를 그레이스케일로 변환하고 소벨 에지 검출을 실행해야 한다.

```python
from skimage import measure
from skimage.io import imread
from skimage.color import rgb2gray
from skimage.filters import sobel
import matplotlib.pyplot as plt
# 이미지 읽기
img = imread('contours.png')
# 이미지를 그레이스케일로 변환
img_gray = rgb2gray(img)
# 이미지에서 에지 찾음
img_edges = sobel(img_gray)
# 이미지에서 윤곽선 검출
contours = measure.find_contours(img_edges, 0.2)
```

```
# 이미지와 찾은 윤곽선 표시
fig, ax = plt.subplots()
ax.imshow(img_edges, interpolation='nearest', cmap=plt.cm.gray)
for n, contour in enumerate(contours):
    ax.plot(contour[:, 1], contour[:, 0], linewidth=2)
ax.axis('image')
ax.set_xticks([])
ax.set_yticks([])
plt.show()
```

예제 출력은 다음과 같다.

그림 2 이미지(왼쪽)에서 윤곽선을 검출한 결과(오른쪽)

이처럼 윤곽선 검출 알고리즘은 원과 사각형을 완벽하게 검출할 수 있었다. 출력에 있는 두 색 간 경계는 두 모양에 대해 내부와 외부의 에지로 이뤄져 있다.

이미지가 복잡해짐에 따라 그 결과는 좋지 않다. 직접 레나^{Lenna} 이미지[1]로 실험해보고 결과를 확인해볼 수 있다. 그렇다면 복잡한 이미지를 어떻게 다뤄야 할까? 간단하다! 좀 더 정교한 알고리즘을 사용하면 된다. 다음으로 워터쉐드 알고리즘을 살펴보자.

---

1 영상 처리에서 자주 사용되는 모델의 상반신 사진 – 옮긴이

▌ 워터쉐드 알고리즘

이것은 실제 세계와 유사점을 갖는 흥미로운 알고리즘이다. 이 알고리즘은 연구 논문 및 기타 문서에서 일반적으로 울퉁불퉁한 지형으로 설명한다. 분화구가 많은 지역(예: 달의 표면)을 상상해보고, 이 분화구 각각을 다른 색깔의 물로 채운다고 생각해보자. 먼저 각 분화구의 중심을 표시한 다음, 수위가 인접한 분화구의 경계에 닿을 때까지 색깔이 있는 물로 채운다(모든 분화구가 가까이 있다고 가정하자). 모든 분화구에 물을 채우면 표면에 있는 분화구들을 성공적으로 분할한 것이다. 간단하다!

그럼 이미지의 세계에서 이것을 상상해보자. 우선 이미지가 분할하려는 표면이라고 상상해본다. 이미지에 있는 모든 물체, 배경, 전경이 분화구다. 이미 알다시피, 다음 과정은 각 분화구의 중심(물체, 배경, 전경)을 확인하는 것이다. 이미지에서 물체들의 중심을 확인하는 것은 어렵다. 만약 이 물체들이 무엇인지 안다면 이 장을 저술하지 않았을 것이다. 이 문제를 어떻게 풀까? 이미지의 지역 그래디언트를 찾는다. 이렇게 함으로써 이미지의 모든 지역 최솟값을 확인 가능하다. 이러한 지역 최솟값을 통해 물체가 대략적으로 어디에 있을지 짐작할 수 있다. 기술적인 용어로 이러한 지역 최솟값을 마커라고 한다. 각 마커에 고유한 색을 할당한 후 인접 마커의 경계에 도달할 때까지 이러한 색을 채우기 시작한다.

이 과정을 거쳐 이미지의 물체/영역을 고유한 색상으로 채운다. 좀 더 자세히 이해하기 위해 알고리즘의 결과를 살펴보자.

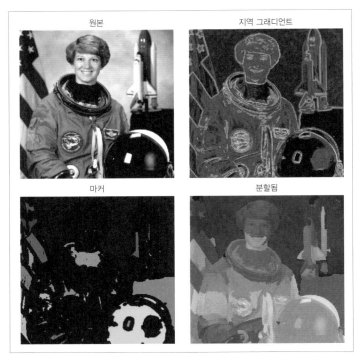

그림 3 워터쉐드 알고리즘의 단계별(왼쪽에서 오른쪽으로) 결과

알고리즘에 대한 단계별 설명은 다음과 같다.

1. 분할할 이미지를 읽는다.
2. 그레이스케일로 변환한다(이미 그레이스케일이 아닌 경우에만).
3. `img_as_ubyte()` 함수를 사용해 이미지 픽셀 값을 부호 없는 int로 변환한다. 이렇게 하는 것은 그래디언트 함수가 입력으로 받는 형식이 정해져 있기 때문이다.
4. 이미지의 지역 그래디언트를 계산한다.
5. 워터쉐드 알고리즘을 적용한다.

다음은 워터쉐드 알고리즘 코드다.

```
from scipy import ndimage as ndi
from skimage.morphology import watershed, disk
from skimage import data
from skimage.io import imread
from skimage.filters import rank
from skimage.color import rgb2gray
from skimage.util import img_as_ubyte
img = data.astronaut()
img_gray = rgb2gray(img)
image = img_as_ubyte(img_gray)
# 이미지에서 지역 그래디언트를 계산하고 그래디언트 값이 20보다 작은 점들만 선택
markers = rank.gradient(image, disk(5)) < 20
markers = ndi.label(markers)[0]
gradient = rank.gradient(image, disk(2))
# 워터쉐드 알고리즘
labels = watershed(gradient, markers)
```

출력 레이블은 픽셀마다 픽셀이 속한 물체의 레이블을 담고 있다.

워터쉐드 알고리즘은 이전 절에서 본 윤곽선 검출 알고리즘보다 나은 성능을 가진다. 하지만 이것만으로는 충분하지 않다. k-평균$^{k-means}$ 클러스터링과 그래프 컷을 이용해 분할 결과를 더 향상시킬 수 있다.

▌ 슈퍼픽셀

이미지 처리는 픽셀 값을 대상으로 이뤄진다. 그러나 모든 픽셀을 이용하는 것은 때로는 계산하는 데 부담을 준다. 그래서 이미지의 모든 픽셀을 확인하고 싶지 않을 때가 있다. 이미지 픽셀들의 중복성을 없애기 위해 동일한 색상 값을 가진 서로 가까이 있는 픽셀을 모을 수 있고, 이것은 슈퍼픽셀이라고 한다. 이처럼 슈퍼픽셀은 픽셀들의 모음이며, 비슷한 특성을 가진 몇몇 픽셀을 각자 다루는 것이 아니라 하나의 슈퍼픽셀로 다룰 수 있는 장점이 있다.

다음 코드는 이미지의 슈퍼픽셀을 계산한다.

```
from skimage import segmentation, color
from skimage.io import imread
from skimage.future import graph
from matplotlib import pyplot as plt
img = imread('test.jpeg')
img_segments = segmentation.slic(img, compactness=20, n_segments=500)
superpixels = color.label2rgb(img_segments, img, kind='avg')
```

위 코드의 결과는 다음과 같다.

그림 4 왼쪽은 원본 이미지고, 오른쪽은 슈퍼픽셀 이미지다.

출력에서 볼 수 있듯이 색이 비슷하고 가까이 있는 픽셀들을 평균 색을 가진 하나의 블롭으로 모았다. 각각의 블롭들을 슈퍼픽셀이라고 부른다. 슈퍼픽셀은 많은 이미지 분할 알고리즘의 시작점으로 사용돼 알고리즘의 효율성을 높인다. 다음 절에서 살펴볼 그래프 컷 기법을 예로 들 수 있다. 슈퍼픽셀을 사용해 그래프를 만든다.

▌ 정규화된 그래프 컷

이것은 오늘날 가장 인기 있는 이미지 분할 기술 중 하나다. 그래프 컷 기술에 대한 가장 간단한 설명은 이미지의 각 픽셀이 노드로 처리된다는 것이다. 이 노드들과는 별도로 이미지의 물체를 나타내는 여분의 노드가 있다. 모든 픽셀은 모든 인접한 픽셀에 연결되고 각각은 물체 노드에 연결된다. 다음 그림을 통해 좀 더 확실히 이해할 수 있다.

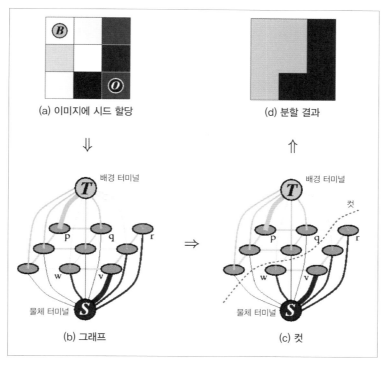

그림 5 그래프 컷 알고리즘의 동작 과정 – 이미지 그래프가 생성되고 이를 사용해 그래프에서 초기 절단이 수행된다. 결과적으로 잘 분할된 이미지를 얻을 수 있다.

그래프를 구성한 후에 그래프 연결선을 반복적으로 잘라 하위 그래프를 얻는다. 얼마 후에는 그래프를 하위 그래프로 더 이상 잘라낼 수 없는 지점에 도달하게 되며, 이때 이미지 분할이 완료됐다고 한다. 이 결과는 이미지의 각 픽셀이 하나의 물체(이전에 정의된)에 연결된 것일 수 있다. 이 방법으로 이미지에 있는 각 픽셀을 이미지에 있는 물체로 레이블링할 수 있다. 알고리즘의 흥미로운 점은 처리 과정 중에 어떤 연결선을 잘라야 할지 결정하는 것이다. 연결선을 자르는 여러 가지 방법이 있으며 특정 종류의 이미지에서는 잘 작동한다. 이를 위해 정규화된 컷을 살펴볼 것이다.

정규화된 컷과 관련된 기술은 다음의 논문에서 발표됐다.

> hi, J.; Malik, J.,"Normalized cuts and image segmentation", Pattern Analysis and Machine Intelligence, IEEE Transactions, vol. 22, no. 8, pp. 888-905, August 2000

정확한 알고리즘을 이해하는 것은 이 책의 범위를 벗어나지만 궁금하다면 이 논문을 읽어보자.

다음은 scikit-image를 사용해 구현한 코드에 대한 단계별 설명이다.

1. 이미지를 읽는다.
2. 색상 값에 k-평균 클러스터링을 수행한다. 구현된 코드에서는 SLIC 방법을 사용한다.
3. 이전 단계에서 클러스터링된 픽셀을 사용해 이 클러스터에서 가중 그래프를 만든다. 각 연결선의 가중치는 두 영역 간에 얼마나 유사한지로 결정된다.
4. 마지막 단계에서 얻은 그래프에 정규화된 그래프 컷 기술을 적용한다.

알고리즘은 꽤 쉬워 보이지만 처음부터 구현하려고 하면 배경이 되는 수학적인 내용이 매우 복잡할 수 있다. 하지만 걱정하지 말자. scikit-image는 각 단계에서 바로 사용할 수 있는 기능을 제공한다. 휴!

이 알고리즘의 코드는 다음과 같다.

```
from skimage import data, segmentation, color
from skimage.io import imread
```

```
from skimage import data
from skimage.future import graph
img = data.astronaut()
img_segments = segmentation.slic(img, compactness=30, n_segments=200)
out1 = color.label2rgb(img_segments, img, kind='avg')
segment_graph = graph.rag_mean_color(img, img_segments, mode='similarity')
img_cuts = graph.cut_normalized(img_segments, segment_graph)
normalized_cut_segments = color.label2rgb(img_cuts, img, kind='avg')
```

앞의 코드는 매우 간단하다. graph.rag_mean_color와 graph.cut_normalized라는 두 함수를 자세히 살펴보자.

graph.rag_mean_color는 k-평균 클러스터링을 사용해 얻은 클러스터의 그래프를 생성하는 데 사용된다(2단계 참조). 이 함수는 그래프를 생성하기 위해 클러스터와 모드를 입력으로 받는다. 모드는 거리와 유사성이라는 두 가지 값을 가질 수 있다. 거리는 두 클러스터의 평균 색상 간 유클리드 거리다. 다음 공식을 사용해 가중치를 계산한다.

$$\text{edge weight} = e^{-d^2/sigma}$$

여기서, $d = |c_1 - c_2|$며 $sigma$는 사용자가 제공한 상수고, c_1과 c_2는 두 클러스터의 평균 색상 값이다.

graph.cut_normalized는 앞서 언급한 연구 논문을 구현한 것이다. 파라미터에 대한 정확한 문서는 다음에서 찾을 수 있다.

http://scikit-image.org/docs/dev/api/skimage.future.graph.html#skimage.future.graph.cut_normalized

코드의 출력 예는 다음과 같다.

그림 6 왼쪽은 원본 이미지고, 오른쪽은 분할된 이미지다.

이처럼 이 기술은 지금까지 논의한 다른 모든 기술을 능가한다. 결과물을 자세히 살펴보자. 모자의 일부가 배경 벽과 색상이 동일하다는 것을 알 수 있다. 알고리즘은 멋지게 그것들을 하나로 결합한다. 또한 얼굴의 경우 사람의 이마에서 코 쪽으로 내려갈 때 점차 색이 변하는 것을 볼 수 있다. 이 알고리즘은 이 변화를 감지할 수 있었다. 파라미터를 바꿔 볼 수 있으며, 이를 통해 가장 적절한 결과를 얻을 수 있다.

지금까지 봐왔던 거의 모든 컴퓨터 비전 알고리즘은 특정 파라미터 값 조정에 의해 결과가 달라진다. 시스템에서 사용할 이미지 종류에 대한 정보가 제한돼 있는 실제 문제를 둘러싸고 이것은 종종 병목 현상을 일으키는 원인이 된다. 사전에 테스트한 입력 이미지에 대해서는 잘 동작하는 파라미터가 다른 이미지에 대해서는 완전히 동작하지 않을 수도 있다. 연구자들은 이 문제를 머신 러닝을 사용해 해결하고 있다. 다음 장에서는 수동으로 파라미터를 설정하던 것을 머신 러닝을 통해 설정함으로써 컴퓨터 비전 시스템을 실제 문제에 대해 더욱 강인하고 적절하게 만드는 방법을 다룬다.

▎ 요약

이 장에서는 윤곽선 검출, 슈퍼픽셀, 워터쉐드, 정규화된 그래프 컷과 같은 여러 이미지 분할 알고리즘을 살펴봤다. 이러한 알고리즘은 구현하기가 쉽고 거의 실시간으로 실행된다. 이미지 분할은 배경 추출, 이미지 이해, 장면 레이블링과 같은 실제 예에서 엄청나게 사용된다. 최근 머신 러닝, 특히 딥러닝의 발전으로 인해 파라미터의 수동 조정이 거의 필요 없는 좀 더 정교한 이미지 분할화가 가능해졌다.

다음 장에서는 머신 러닝 기술들을 알아보고 이들이 컴퓨터 비전과 어떻게 관련되는지 알아볼 것이다.

05

컴퓨터 비전과 머신 러닝의 통합

머신 러닝은 컴퓨터 과학에서 가장 많이 연구되는 주제 중 하나다. 모든 주요 기술 회사는 이미지 분류, 물체 인식, 동작 인식과 같은 좀 더 복잡한 작업을 위한 기술을 발전시키는 데 막대한 예산을 투자하고 있다. 이 장에서는 컴퓨터 비전 관점에서 머신 러닝의 기본을 다룬다. 이미지 분류(필체 인식) 작업을 염두에 두고 선형 회귀, SVM, k-평균 클러스터링과 같은 기본 알고리즘에 대해 학습할 것이다. 여기서는 새로운 오픈소스 라이브러리인 sklearn을 살펴본다.

컴퓨터 비전을 위한 머신 러닝의 다양한 예를 이해하고 몇몇 알고리즘을 살펴보자.

다음은 이번 장에서 다루는 주제들이다.

- 머신 러닝 및 sklearn 소개
- 머신 러닝의 사용 예

- 로지스틱 회귀logistic regression
- 서포트 벡터 머신SVM, support vector machine
- k-평균 클러스터링k-means clustering

▌ 머신 러닝 소개

이전 절에서 봤듯이 어떤 시스템은 글씨 쓰는 것을 배우거나, 이미지를 이해하거나, 자동차 운전을 스스로 할 수 있다. 어떻게 이런 일이 가능할까? 원, 사각형, 직사각형과 같은 여러 모양을 감지하는 예를 보자. 먼저 다양한 색과 크기를 갖는 이미지를 수집하는 것으로부터 시작하자. 이때 데이터가 최대한 다양성을 가져야 한다. 그런 다음 이 데이터를 프로그램에 전달하고 머신 러닝 알고리즘을 사용하면, 원은 코너가 없고, 정사각형과 사각형은 네 개의 코너가 있고, 정사각형은 네 개 면의 길이가 같다는 등의 특성을 학습한다. 이를 통해 다른 모양들이 어떻게 보이는지 파악한다. 이 모든 것은 알고리즘 내에서 이뤄지며, 개발자는 이러한 특정 속성에 대해 알 필요가 없다. 일단 프로그램이 이 모양에 대해 학습했다면, 알려지지 않은 모양을 프로그램의 입력으로 넣을 경우 그 모양에 대한 정확한 이름을 출력한다.

이 개념은 이해하기 쉽지만 정교한 특정 알고리즘에서 내부적으로 어떤 일이 일어나는지 알려면 수학에 대한 정확한 이해가 필요하다. 도형을 학습하는 작업은 지도 학습의 한 예며, 데이터와 해당 레이블을 시스템 입력으로 제공해 학습하게 한다. 이는 원 모양 이미지를 컴퓨터에 보여주고 그것이 원이라 말하는 것과 비슷하다(어린 시절 유치원에서 모양을 배웠던 것과 같다). 머신 러닝의 또 다른 형태는 비지도 학습이며, 시스템에 데이터만 제공하고 레이블은 제공하지 않는다. 이때 시스템은 같은 레이블/카테고리에 있을 것 같은 데이터들을 그룹화하려 한다. 이 책에서는 이 두 형태의 알고리즘만 살펴볼 것이다.

머신 러닝의 중요한 부분 중 하나는 시스템을 학습시키는 데이터다. 데이터의 품질과 양은 모두 중요하다. 충분한 데이터가 없으면 절대로 시스템을 강력하게 만들 수 없다. 양

질의 데이터가 없거나 다양성 혹은 변형이 거의 없는 유사한 데이터만 가지고 있다면, 그 시스템은 데이터를 저장하기만 하고 새롭거나 모르는 데이터를 분석할 수 없다. 다양한 작업을 위해 공개된 많은 데이터가 있다. 그중 유명한 것은 이미지 분류를 위한 CIFAR과 IMAGENET이다.

머신 러닝의 또 다른 중요한 부분은 데이터 전처리다. 좀 더 자세히 살펴보자.

데이터 전처리

데이터 전처리data preprocessing는 머신 러닝에서 중요한 역할을 한다. 학습하려고 하는 물체의 이미지가 주어지고 모든 이미지가 수직으로 정렬됐다고 가정해보자. 학습 이후에 같은 물체를 포함한 이미지를 약간 회전해서 입력시킨다면, 물체를 검출하지 못할 수도 있다. 특정 크기로 물체를 학습시킬 수도 있지만, 테스트하는 동안에는 학습시킨 물체보다 작거나 큰 물체를 처리해야 할 수도 있다. 이것들은 학습 데이터와 관련해 발생할 수 있는 많은 문제 중 일부다. 이런 왜곡을 설명하는 공식적인 용어는 물체의 이동, 회전, 크기에 따라 물체를 불변하게 만드는 것이다. 이는 물체가 어디에 있든, 어떤 각도든, 크기가 어떻든 간에 프로그램이 물체를 정확히 검출해야 한다는 의미다. 이 절에서는 프로그램을 좀 더 강력하게 만들 수 있는 몇 가지 전처리 과정을 알아본다.

임의 자르기를 통한 이미지 이동

이미지 이동은 입력 이미지의 X, Y 위치가 변경되는 것이다. 예를 들어, 프로그램을 학습시킬 때는 펜이 가운데에 있는 이미지를 사용하지만 테스트할 때는 가장자리에 있는 이미지를 사용할 수도 있다. 앞서 살펴본 것처럼, 이 프로그램은 이 물체를 펜이라 검출하지 못할 수도 있다. 이 문제를 해결하기 위해 이미지를 여러 위치에서 임의로 잘라서 물체를 이미지의 임의의 위치로 이동시킨다.

이미지 회전 및 크기 조정

임의의 각도로 이미지를 회전하는 것을 제외하면 이것은 이미지 이동과 유사하며, 프로그램이 다른 방향에서 물체를 학습하는 데 도움이 된다. 머신 러닝 프로그램에 이미지를 전달하기 전에 이미지의 크기를 조정하고 크기를 작게 또는 크게 만든다.

이 간단한 기술은 인위적으로 원본 데이터 세트를 늘리는 방법으로, 프로그램을 좀 더 강력하고 여러 변화에 대응하도록 만드는 데 큰 역할을 한다. 색상 평균화와 같은 다른 전처리 기법도 사용할 수 있다.

머신 러닝 알고리즘에 대해 알아보기 전에 이 장에서 사용할 새로운 라이브러리인 scikit-learn을 설치해보자.

scikit-learn(sklearn)

scikit-image와 마찬가지로 scikit-learn도 이 장에서 사용할 대부분의 학습 알고리즘에 대해 사용하기 쉬운 API를 제공하는 또 다른 오픈소스 라이브러리다

sklearn을 설치하는 것은 매우 간단하다. 다음 단계는 다양한 플랫폼에 설치하는 방법을 보여준다.

- **윈도우:** pip가 이미 설치돼 있으므로(첫 번째 장에서 scikit-image를 설치했다면) 터미널에서 다음 명령을 실행한다.

```
$: pip3 install sklearn
```

성공적으로 sklearn을 설치했는지 확인하려면 터미널에서 다음 명령을 실행한다.

```
$: python3 -c "import sklearn"
```

에러가 표시되지 않으면 설치가 잘된 것이다.

- **리눅스/맥 OS**: 리눅스와 맥 OS는 sklearn을 설치하는 과정이 동일하다. `pip`가 이미 설치돼 있다고 가정한 후 터미널 창에서 다음 명령을 실행한다.

```
$: pip3 install sklearn
```

성공적으로 sklearn을 설치했는지 확인하려면 터미널에서 다음 명령을 실행한다.

```
$: python3 -c "import sklearn"
```

에러가 표시되지 않으면 설치가 잘된 것이다.

▌ 컴퓨터 비전을 위한 머신 러닝의 응용 예

머신 러닝은 컴퓨터를 동작시키거나, 상황을 추론하거나, 사람의 개입 없이 의사 결정을 내릴 때 사용된다. 사람과 마찬가지로, 컴퓨터가 이러한 기능을 수행할 수 있게 하려면 컴퓨터가 이러한 상황을 독립적으로 이해하기 전에 이러한 상황을 미리 학습하게 해야 한다.

한 가지 예는 이미지에 있는 얼굴을 인식하는 것이다.

컴퓨터에게 사전에 무엇이 얼굴이고, 그것이 어떻게 생겼으며, 이미지에 있는 얼굴을 검출하는 데 어떤 특징 값이 도움이 되는지 알려줘야 한다. 다음은 인식의 예들이다.

- **필기 인식**: 이것은 컴퓨터 비전에서 머신 러닝이 사용되는 가장 일반적인 예다. 이를 통해 번호판 검색, 모르는 언어로 작성된 간판을 번역하는 일을 할 수 있다.
- **이미지 검출 및 분류**: 이미지 속에 물체가 어디에 있는지(검출), 그 물체가 무엇인지(분류) 파악하는 것이다. 이는 휴대전화인지, 차인지, 아니면 펜인지 파악하는 것일 수 있다. 현재 많은 온라인 전자 상거래 웹사이트들은 물체 이미지에서 클릭한 곳을 플랫폼에서 찾는 기능을 가지고 있다. 이것이 이미지 분류다. 다음 장에서 이러한 예가 어떻게 구성되는지 더 자세히 알아볼 것이다.

- **장면 레이블링:** 컴퓨터 비전 관점에서 머신 러닝의 흥미로운 예는 주어진 이미지에 대해 컴퓨터가 주석을 다는 것이다. 예를 들어 다음 이미지에 대해 머신 러닝 시스템은 '야구 선수가 필드에서 방망이를 휘두르고 있음'이라고 표시했다.

그림 1 머신 러닝을 사용해 자동 생성된 캡션 – '야구 선수가 필드에서 방망이를 휘두르고 있음'
이미지 출처: http://cs.stanford.edu/people/karpathy/neuraltalk2/demo.html

- **자율 주행 자동차:** 머신 러닝 및 컴퓨터 비전을 사용해 연구자들과 기술 중심 회사들은 도로에서 주행하면서 교통 법규를 지키는 자율 주행 차를 만들고 있다. 이 자동차에는 지속적으로 주변 환경을 모니터링하고 사람, 자동차, 기타 도로상의 물체를 감지하는 카메라가 장착돼 있다. 지금까지 봐왔던 많은 개념들이 합쳐져서 이런 시스템이 만들어진다.

▌ 로지스틱 회귀

로지스틱 회귀는 (다차원) 데이터 점이 주어졌을 때 이 데이터 점을 가장 잘 나타내는 곡선으로 표현하려고 하며, 공식적으로는 독립 변수와 종속 변수 세트 간의 관계를 찾는 기술로 정의된다. 여기서 독립 변수는 입력 데이터고, 종속 변수는 데이터에 해당하는 레이블이다. 이 로지스틱 회귀 바탕에 깔려 있는 수학은 확률과 관련 있다. 데이터 점이 주어지면 그 데이터 점이 특정 레이블에 속할 확률을 계산한다.

로지스틱 회귀를 사용해 숫자 분류 프로그램을 작성해보자. 숫자 이미지가 주어지면 이것이 어떤 숫자인지 출력한다. 이 작업을 위해 MNIST 데이터 세트를 사용할 것이다. MNIST는 각각 28×28 크기인 이미지 60,000개의 학습 샘플과 10,000개의 테스트 샘플을 포함한다. 데이터 세트의 공식 웹사이트는 http://yann.lecun.com/exdb/mnist/다.

다음은 MNIST 데이터 세트의 샘플을 보여주는 이미지다.

그림 2 MNIST 데이터 세트에 포함된 숫자의 몇 가지 예

다음은 sklearn을 사용해 로지스틱 회귀를 하는 코드다.

```
from sklearn import datasets, metrics
from sklearn.linear_model import LogisticRegression
mnist = datasets.load_digits()
images = mnist.images
data_size = len(images)
```

```
# 이미지 전처리
images = images.reshape(len(images), -1)
labels = mnist.target
# 로지스틱 회귀 초기화
LR_classifier = LogisticRegression(C=0.01, penalty='l1', tol=0.01)
# 데이터 세트의 75%만 학습에 사용. 나머지 25%는 로지스틱 회귀 테스트에 이용될 것임
LR_classifier.fit(images[:int((data_size / 4) * 3)], labels[:int((data_size
/ 4) * 3)])
# 데이터 테스트
predictions = LR_classifier.predict(images[int((data_size / 4)):])
target = labels[int((data_size/4)):]
# 학습된 로지스틱 회귀 모델의 성능 출력
print("Performance Report: \n %s \n" %(metrics.classification_report(target,
predictions)))
```

이것이 전부다! 지금까지 머신 러닝에 관해 알아본 것을 약 30줄의 코드로 구현할 수 있다. 코드를 분석해보자.

먼저 datasets.load_digits( )를 사용해 데이터 세트를 불러온다. sklearn은 datasets라는 모듈을 가지고 있으며, 이것은 개발자가 MNIST와 같은 표준 데이터 세트를 다운로드하는 데 문제없게 해주고 사용하기 전에 수동으로 전처리하는 것을 쉽게 해준다.

데이터 세트를 불러온 후에는 로지스틱 회귀 모듈의 입력과 호환되는 형식으로 이미지를 변환한다. 기본적으로 MNIST 데이터 세트는 2D 배열(행렬과 비슷함)이지만 로지스틱 회귀 모듈은 1D의 배열만 입력으로 받는다. 이를 위해 images.reshape(len(images), -1)을 사용해 배열의 모양을 바꾼다. 올바른 형식으로 입력 모양을 바꾸면, 숫자와 레이블을 로지스틱 회귀 모듈에 전달할 수 있다. LogisticRegression에 대한 새로운 객체를 정의하고 하이퍼 파라미터(허용 오차, 정규화 강도의 역수 등)를 설정한다. 모든 하이퍼 파라미터[1]를 이해하지 못해도 괜찮다. 그 모두를 이해하는 것은 어려울 수 있다. 이 값들을 변경하면서 시험해보면 어떤 파라미터가 어떠한 영향을 미치는지 알 수 있을 것이다. 코드에서 주어진

---

1 머신 러닝에서 학습 전에 설정하는 파라미터 – 옮긴이

MNIST 데이터 세트를 75-25로 나눈다. 여기서 75%의 이미지를 학습용으로 사용하고 나머지 25%는 테스트용으로 사용한다. 이 비율에는 규칙이 없다. 50-50을 사용해도 된다. 앞의 코드에서 다음 줄이 실제 학습을 진행한다.

```
LR_classifier.fit(images [: int((data_size / 4) * 3)], labels [: int((data_size / 4) * 3)])
```

학습 후에 프로그램이 숫자를 얼마나 잘 학습했는지 테스트할 수 있다. 이전에 테스트를 위해 남겨둔 나머지 25% 이미지로 예측을 수행해 테스트한다. 다음 줄에서 예측을 수행한다.

```
predictions = LR_classifier.predict(images [int((data_size / 4))])
```

예측 후에 `metrics.classification_report(target, predictions)`를 사용해 결과에 대한 분석 값을 얻는다. 다음은 이 프로그램을 실행한 결과다.

```
Performance Report:
precision recall f1-score support
0 0.94 0.99 0.97 131
1 0.91 0.88 0.90 137
2 0.98 0.97 0.97 131
3 0.97 0.87 0.91 136
4 0.98 0.94 0.96 139
5 0.94 0.97 0.96 136
6 0.97 o.97 0.97 138
7 0.93 0.97 0.95 134
8 0.86 0.82 0.84 130
9 0.81 0.90 0.86 136
avg / total 0.93 0.93 0.93 1348
```

로지스틱 회귀가 얼마나 잘 동작하는지 각 숫자별로 볼 수 있다.

하지만 이것이 전부는 아니다! 여기서 실제 이미지는 사용하지 않았다. 직접 쓴 이미지를 입력으로 해서 결과를 볼 수 없었다. 다음 코드는 사용자가 제공한 이미지를 이용하는 방법과 로지스틱 회귀 분석으로 숫자를 예측하는 방법을 보여준다.

```python
from sklearn import datasets, metrics
from sklearn.linear_model import LogisticRegression
from sklearn.preprocessing import StandardScaler
from skimage import io, color, feature, transform
mnist = datasets.load_digits()
images = mnist.images
data_size = len(images)
# 이미지 전처리
images = images.reshape(len(images), -1)
labels = mnist.target
# 로지스틱 회기 초기화
LR_classifier = LogisticRegression(C=0.01, penalty='l1', tol=0.01)
# 데이터 세트의 75%만 학습에 사용. 나머지 25%는 로지스틱 회귀 테스트에 이용될 것임
LR_classifier.fit(images[:int((data_size / 4) * 3)], labels[:int((data_size/ 4) *
3)])
# 사용자가 제공한 이미지를 불러옴
digit_img = io.imread('digit.png')
# 이미지를 그레이스케일로 변경
digit_img = color.rgb2gray(digit_img)
# 이미지를 28x28로 크기 조정
digit_img = transform.resize(digit_img, (8, 8), mode="wrap")
# 이미지에 에지 검출 실행
digit_edge = feature.canny(digit_img, sigma=5)
digit_edge = [digit_edge.flatten()]
# 데이터 테스트
prediction = LR_classifier.predict(digit_edge)
print(prediction)
```

여기서 볼 수 있는 대부분의 코드는 이전에 본 코드와 유사하다. 이 코드에서는 사용자가 제공한 이미지를 불러오고 로지스틱 회귀 모듈에 전달하는 기능을 추가했다. 이미지를 사용하려면 전처리 작업이 필요하다. 먼저 이미지를 그레이스케일로 변환하고 8×8로 크기를 조정한다. 그다음 캐니 에지 검출기를 사용해 에지를 검출한다(원하는 다른 에지 감지 기술을 사용할 수 있다).

다음 그림은 위 코드를 테스트하는 데 사용된 것이다.

그림 3 이것은 숫자 6의 테스트 이미지다. 연필로 노란 포스트잇(스티커 메모)에 쓴 이미지다.

▌ 서포트 벡터 머신

널리 사용되는 또 다른 지도 학습 알고리즘은 서포트 벡터 머신SVM, support vector machine이다. 로지스틱 회귀에서는 데이터 점을 통과하는 곡선으로 근사했지만, SVM에서는 주어진 데이터를 영역으로 나누는 초평면을 찾으려 한다. 여기서 각각의 영역은 다른 레이블을 갖는다.

초평면이란 무엇일까? 그것은 평면의 일반화된 표현이다. 예를 들어 1차원에서는 점, 2차원에서는 직선, 3차원에서는 평면으로 데이터를 나눌 수 있으며, 이것보다 높은 차원에서는 초평면으로 나눌 수 있다.

다음 그림은 선형 SVM이 어떻게 동작하는지 보여준다.

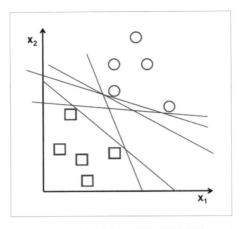

그림 4 초평면(녹색 선)은 데이터 집합을 적절한 영역으로 나눈다.
이 초평면은 빨간색 사각형과 파란색 원을 두 개의 영역으로 나눈다.
이미지 출처: http://docs.opencv.org/2.4/_ images/separating-lines.png

주어진 데이터 점의 집합에 대해 각 레이블에 대한 초평면을 찾고 일반화 오류를 줄이기 위해 최적화한다. 데이터에 n개의 레이블이 있는 경우 레이블을 구분하는 n−1개의 초평면을 찾는다. SVM의 수학적 배경은 이 책의 범위를 벗어나지만, 관심 있는 독자라면 다음 블로그 게시물을 읽어보자.

https://www.svm-tutorial.com/2017/02/svms-overview-support-vector-machines/

앞과 동일한 숫자 분류 작업에 SVM을 적용해보자. 다음 코드는 SVM을 사용해 분류한다.

```
from sklearn import datasets, metrics, svm
mnist = datasets.load_digits()
images = mnist.images
data_size = len(images)
# 이미지 전처리
images = images.reshape(len(images), -1)
labels = mnist.target
# SVM 초기화
```

```
SVM_classifier = svm.SVC(gamma=0.001)

# 데이터 세트의 75%의 데이터만으로 학습. 나머지 25%는 SVM을 테스트하는 데 사용됨
SVM_classifier.fit(images[:int((data_size / 4) * 3)],labels[:int((data_size / 4)
* 3)])
# 데이터 테스트

predictions = SVM_classifier.predict(images[int((data_size / 4)):])
target = labels[int((data_size/4)):]
# 학습된 SVM의 성능 출력
print("Performance Report: \n %s \n" %(metrics.classification_report(target,
predictions)))
```

이 코드는 로지스틱 회귀 분석을 위해 작성한 것과 매우 비슷하다. 분류기만 바뀌었다. 대신 svm.SVC를 사용한다. 데이터를 학습 세트와 테스트 세트로 나눈다. 앞의 코드 결과는 다음과 같다.

```
Performance Report:
precision recall f1-score support
0 1.00 0.99 1.00 131
1 0.99 1.00 1.00 137
2 1.00 1.00 1.00 131
3 0.99 0.95 0.97 136
4 0.99 0.98 0.99 139
5 0.98 0.99 0.99 136
6 0.99 1.00 1.00 138
7 0.99 1.00 1.00 134
8 0.96 0.99 0.98 130
9 0.99 0.99 0.99 136
avg / total 0.99 0.99 0.99 1348
```

이전에 로지스틱 회귀에서 했던 것처럼 이 코드를 수정해 사용자가 제공한 이미지를 입력으로 사용할 수 있다. 필요에 맞게 코드를 수정하는 것은 좋은 연습 문제가 될 수 있다.

SVM은 고차원 데이터에서 매우 잘 동작하는 것으로 알려져 있다.

SVM에 제공되는 데이터가 선형으로 분리되지 않는 데이터라면 어떻게 될지 궁금할 것이다. SVM은 그러한 데이터 세트를 사용할 수 있을까? 물론 할 수 있다. SVM에는 잘 동작하는 비선형 초평면을 찾는 많은 변형된 방법들이 있다. 예를 들어 공식 문서에 있는 sklearn은 SVM의 변형들을 보여준다. 다음 스크린샷은 sklearn 문서에서 가져온 다른 SVM들을 보여준다.

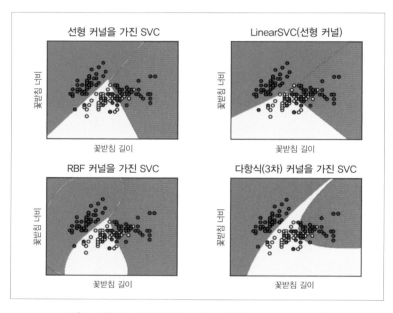

그림 5 선형으로 분리되지 않는 데이터에 대한 SVM의 여러 버전들

svm.SVC 함수는 계산하고자 하는 초평면의 종류를 선택하는 옵션을 제공한다. 함수의 커널 파라미터는 linear, poly, rbf 또는 sigmoid와 같은 값을 가질 수 있다. 기본적으로 rbf를 사용한다. 이렇게 다양한 커널을 선택할 수 있는 것은 사용자가 다루고 있는 데이터 종류에 따라 가장 적합한 커널을 찾는 데 도움이 된다. 데이터가 선형적으로 분리 가능하다는 것을 안다면 선형 커널을 선택할 수 있고 그렇지 않으면 비선형 커널을 사용한다.

SVM에 대한 이해를 돕기 위해 SVM 학습에 사용한 숫자 데이터를 시각화해보자. MNIST

데이터 세트에 있는 이미지는 28×28 크기를 가지며, 이것은 784차원 데이터다. 이런 데이터는 시각화할 수 없을까? 이 문제를 해결하기 위해 차원 감소를 사용한다. 이는 784D 데이터를 2D 또는 3D로 시각화하는 데 도움이 된다.

일반적인 차원 감소 기술 중 하나는 주성분 분석PCA, Principle Component Analysis이다. 다음 코드는 MNIST 데이터를 축소된 차원의 데이터로 변환한다.

```python
import numpy as np
import matplotlib.pyplot as plt
from sklearn import datasets, decomposition
digits = datasets.load_digits(n_class=6)
X = digits.data
y = digits.target
n_samples, n_features = X.shape
n_neighbors = 30
X_pca = decomposition.TruncatedSVD(n_components=2).fit_transform(X)
fig, plot = plt.subplots()
plot.scatter(X_pca[:, 0], X_pca[:, 1])
plot.set_xticks(())
plot.set_yticks(())
plt.show()
```

코드 출력은 다음과 같다.

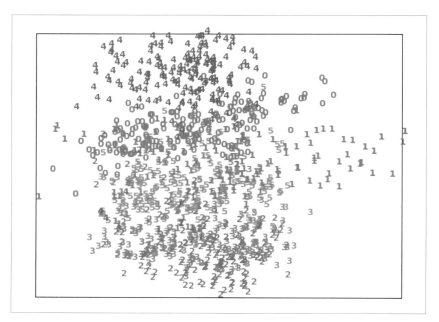

그림 6 서로 다른 숫자가 어떻게 그룹화되는지 보여준다. 이 그룹화로 인해 SVM이 숫자들을 높은 정확도로 분류했다.[2]

그림 6에서 비슷한 숫자가 얼마나 서로 가까이 있는지 볼 수 있다. 그림으로만 봐도 각각의 숫자가 차지하고 있는 영역 사이에 근사적으로 선을 그을 수 있다. 이렇게 숫자를 그룹화해보는 것은 SVM, 로지스틱 회귀, 심지어 k-평균(다음 절에서 다룸)과 같은 머신 러닝 기술이 높은 정확도로 분류하는 데 도움이 된다.

PCA와는 별도로 t-SNE와 같이 데이터를 시각화하는 데 도움이 되는 다른 기술이 있다. t-SNE는 다음 코드로 사용할 수 있다.

```
tsne = manifold.TSNE(n_components=2, init='pca', random_state=0)
X_tsne = tsne.fit_transform(X)
```

이전 코드에서 PCA를 사용하는 부분을 이 코드로 대체할 수 있다. t-SNE에 대한 출력

---

2 위의 코드만으로는 동일한 그림이 출력되지 않는다. 온라인에 있는 전체 코드를 참조하자. – 옮긴이

은 다음과 같다.

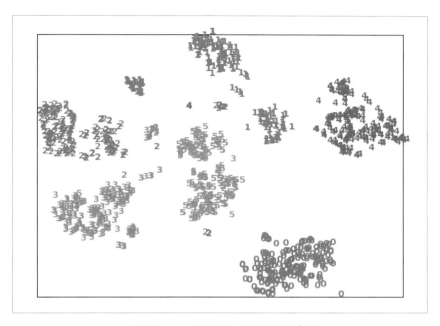

그림 7 t-SNE 시각화 알고리즘을 사용한 출력

그림 7은 숫자 사이의 그룹화를 훨씬 더 명확하게 보여준다. 데이터 시각화는 높은 차원의 데이터가 낮은 차원에서 어떻게 위치하는지 보고 싶을 때 매우 유용하다. 이것은 어떤 머신 러닝 알고리즘을 사용할 것인지 결정하는 데 도움이 된다.

▌ k-평균 클러스터링

k-평균 클러스터링은 반지도semi-supervised 혹은 비지도unsupervised 머신 러닝의 한 종류며, 부분적으로 레이블이 지정됐거나 레이블이 지정되지 않은 데이터에서도 동작한다. 이름에서 알 수 있는 것처럼, 이는 유사성에 기반해 데이터 점들을 클러스터화하는 클러스터링 알고리즘의 한 종류다. 이 알고리즘은 k-최근접 이웃 방법k-nearest neighbors과 자주 혼동

된다. 비록 같은 아이디어를 사용하긴 하지만 이 두 알고리즘은 서로 다르다.

k-평균 클러스터링에서는 유사성 척도를 기반으로 주어진 데이터 점을 사용해 k개의 클러스터를 구성한다. 유사성 척도의 가장 일반적인 형태는 주어진 공간에서 두 점 사이의 거리다. 서로 가까운 점들끼리 클러스터를 이룬다. 처음에 알고리즘이 시작될 때는 k개 클러스터 각각의 중심을 나타내는 k개의 점을 임의로 선택한다. 그런 다음 이 k개의 중심점이 최종 클러스터의 평균이 되도록 반복적으로 계속 업데이트한다.

예를 들어 어떤 국가의 위성 이미지를 얻었고 그 나라에 있는 도시의 대략적인 경계를 그릴 것을 요청받았다고 하자. 이 문제를 도시는 어떻게 생겼는지 정의하고, 주어진 이미지에서 그에 맞는 부분을 위치시키는 방법으로 접근할 수 있다. 간단히 말해서 높은 건물 밀도를 갖는 부분이 도시라고 할 수 있다. 이때 이미지에 있는 건물을 판별할 수 있다고 가정하자. 이제 남은 일은 이런 건물을 클러스터들(도시들)로 모으는 것이다. 이는 두 건물 간의 거리를 유사도로 사용하는 k-평균 클러스터링을 사용하는 완벽한 시나리오다. 건물들 간의 거리가 가까울수록 그 건물들이 동일한 도시 안에 있을 가능성이 높다.

이것이 컴퓨터 비전에서 얼마나 유용할지 궁금할 것이다. 숫자를 분류하는 것과 동일한 작업을 상상해보자(이 장에서 살펴보고 있는 알고리즘들이 서로 얼마나 비슷한지, 혹은 다른지에 대한 감을 잡기 위해 동일한 숫자 분류 문제에 적용한다). 28×28 크기를 갖는 숫자 이미지가 있다. 각각의 이미지가 784차원 공간에 있다고 상상해보자(시각화하기는 어렵지만 시도해보자!). 특정 숫자의 경우 이미지의 대부분이 검은색으로 된 비슷한 픽셀을 갖기 때문에 이 숫자의 모든 이미지가 784차원 공간의 특정 부분에 놓이게 된다. 따라서 이것들 사이의 거리를 각 픽셀 간의 거리에 제곱한 것으로 계산해보면, 이 이미지 간의 거리는 다른 숫자 이미지들 간의 거리들보다 작은 값을 갖게 된다. 동일한 숫자에 대해 대부분의 차이 값이 0이 되기 때문이다.

k-평균 클러스터링에 대해 이해했으므로 이제 sklearn을 사용한 코드를 살펴보자.

```
from sklearn import datasets, metrics
```

```
from sklearn.cluster import KMeans
mnist = datasets.load_digits()
images = mnist.images
data_size = len(images)
# 이미지 전처리
images = images.reshape(len(images), -1)
labels = mnist.target
# Kmeans 초기화
clustering = KMeans(n_clusters=10, init='k-means++', n_init=10)
# 전체 데이터의 75%를 사용해 학습. 나머지 25%는 k-평균 클러스터링 테스트에 이용
clustering.fit(images[:int((data_size / 4) * 3)])
# 클러스터들의 중심점 출력
print(clustering.labels_)
# 데이터 테스트
predictions = clustering.predict(images[int((data_size / 4) * 3):])
```

앞의 코드에서 KMeans 함수를 살펴보자. 입력으로 여러 파라미터가 필요하다. 첫 번째는 클러스터의 수며, 이것은 알고리즘의 k 값이기도 하다. 다음은 init이고 이 init은 각 클러스터의 첫 번째 k 중심점을 초기화하는 데 사용되는 알고리즘을 의미한다. 개발자가 선택할 수 있는 다양한 옵션은 임의, K-means++ 또는 개발자가 지정한 k개의 중심점이 있는 배열이다. K-means++ 초기화는 유클리드 공간에서 동일 간격의 점을 찾는 Lyod 알고리즘을 기반으로 한다. Lyod 알고리즘에 대한 개념은 위키피디아[Wikipedia] 페이지에서 잘 설명하고 있다. 마지막 파라미터 n_init은 몇 개의 초기화 점을 사용할지 나타낸다. 예를 들어 10은 10개의 다른 초기 점을 사용해 k-평균 알고리즘을 실행한 후 가장 잘 수행한 것을 선택한다는 의미다.

이 코드에 뭔가 이상한 점이 있는가? 그렇다. 이번에는 분석을 포함하지 않았다. 왜 그랬을까? 이 알고리즘은 비지도 학습이기 때문에 k-평균으로 생성된 레이블과 우리가 가진 레이블을 연관시킬 방법이 없다. 하지만 데이터의 레이블과 k-평균 알고리즘으로 생성된 레이블을 수동으로 연관시켜서 성능을 계산할 수도 있다.

▌ 요약

이 장에서는 전처리 기술, 그리고 세 가지 알고리즘의 다양한 응용 예를 통해 머신 러닝의 기초를 살펴봤다. 로지스틱 회귀 및 SVM은 개발자가 데이터 레이블을 지정해줘야 하는 지도 학습 알고리즘이었다. 그리고 레이블 없이 데이터만을 필요로 하는 k-평균이라는 비지도 학습 알고리즘을 살펴봤다. 두 유형의 학습 알고리즘은 보유한 데이터의 종류와 구축하려는 사용 예에 따라 선택해야 한다. 신경망과 같은 정교한 머신 러닝 기술이 있다. 다음 장에서 더 자세히 살펴보자.

06

신경망을 이용한 이미지 분류

이전 장에서 봤듯이 머신 러닝은 좀 더 정교하고 강인한 응용프로그램을 만드는 데 매우 유용한 도구가 될 수 있다. 이 장에서는 신경망이 무엇인지, 머신 러닝의 맥락에서 어떻게 사용될 수 있는지 이해함으로써 추가적인 머신 러닝 기술을 익힐 수 있다. 먼저 신경망의 기초를 살펴보고, 뒷부분에서는 오늘날 많은 프로그램과 서비스에서 사용되고 있는 최신 신경망에 대해 알아볼 것이다. 컴퓨터 비전에서 가장 많이 연구되는 작업 중 하나는 이미지 분류다. 예를 들어, 컴퓨터에 자동차 이미지를 보여주면 컴퓨터가 차인지 아닌지 판단할 수 있을까? 이 장의 끝부분에서는 좋은 정확도를 갖는 이와 같은 시스템을 구축할 수 있을 것이다(어떤 것도 완벽하지는 않다!).

이 장에서는 다음과 같은 넓은 주제를 다룬다.

- 신경망neural network 소개

- 합성곱 신경망 convolutional neural network
- 머신 러닝에서 도전적인 문제들

신경망의 개념과 역사를 살펴보고 오늘날 어떻게 관련돼 있는지 이해하는 것으로 시작해 보자.

신경망 소개

머신 러닝의 전체적인 아이디어는 미리 정한 상황에서 입력이 주어졌을 때 올바른 출력을 예측할 수 있는 시스템을 구축하는 것이다. 예를 들어, 주어진 입력 이미지가 무엇인지 사용자에게 알려주는 이미지 분류 시스템을 구축한다고 해보자(그림 1 참조). 이전 장에서 이것에 대해 간략하게 논의했었다. 이 장에서는 신경망 측면에서 살펴볼 것이다.

그림 1 신경망은 이미지를 입력으로 받고 그 이미지가 무엇인지 출력한다.

신경망을 수학적 기술을 사용해 수동으로 유도하기 힘든 다항식 함수($f(x) = x + 2$와 같은 수학적 함수처럼)로 생각하자. 컴퓨터 비전에서 $f(x)$는 이미지고, 출력은 이미지 레이블이다. 그래서 이 함수를 찾는 것이 현재 해야 할 작업이다. 이전 장에서 봤듯이 이 다항식 함수에 훈련 데이터를 제공하고 함수의 출력을 살펴볼 것이다. 올바른 결과가 무엇인지 알고 있다. 함수의 출력과 올바른 출력에서 오류를 찾고, 출력 오류가 줄어들도록 다항식 함수의 계수를 수정한다. 오류율이 허용 범위 내에 도달할 때까지 계속 데이터를 함수에 제공한다.

이것은 고차원 데이터를 잘 표현하는 함수를 찾는 데 매우 효과적인 기술이다. 동일한 작업을 수동으로 수행하려면 적절한 결과가 보장되지 않으며 많은 노력과 시간이 필요하다.

기본 신경망 설계

신경망은 인간의 뇌에서 영감을 얻은 것으로 알려져 있다. 뇌가 서로 연결된 여러 개의 뉴런으로 구성돼 있는 것처럼, 신경망은 프로그래밍으로 설계된 서로 연결돼 있는 뉴런으로 구성된다. 그리고 프로그래밍으로 설계된 뉴런(퍼셉트론)을 호출한다.

퍼셉트론은 신경망의 가장 기본 단위다. 퍼셉트론은 숫자(하나 또는 여러 개)를 입력으로 받고 입력에 가중치를 곱한 후 출력을 낸다.

다음 그림이 이 개념을 보여준다.

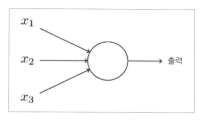

그림 2 퍼셉트론

그림 2에서는 입력으로 세 개의 값을 취하고 출력을 낸다. 내부에서 일어나는 일은 개발자가 관리한다. 가장 일반적인 연산은 각 입력에 가중치가 곱해지고 모든 곱의 합이 정규화돼서 출력된다.

사용 예 및 데이터에 따라, 퍼셉트론은 다른 연산을 수행하도록 프로그래밍될 수 있다. 예를 들어, 제품의 합이 계산된 후 합이 특정 임계값을 초과하면 퍼셉트론은 1 또는 0을 반환한다. 신경망을 만들기 위해 이런 퍼셉트론을 서로 연결한다. 이러한 네트워크 중 하나가 그림 3에 표현돼 있다.

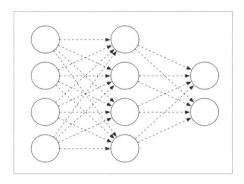

그림 3 신경망의 예

여기서 각각의 원은 퍼셉트론을 나타낸다. 각 퍼셉트론은 입력 세트를 받고 퍼셉트론의 다음 레이어로 출력을 반환한다. 그림 3의 신경망은 신경망을 만드는 한 가지 예일 뿐이다. 특정 레이어의 각 퍼셉트론은 이전 레이어의 모든 퍼셉트론과 연결된다. 이것은 완전히 연결된 신경망이라고 한다. 이 장에서는 요즘 컴퓨터 비전에서 좀 더 일반적으로 사용되는 다른 유형의 네트워크를 살펴본다.

퍼셉트론을 연결할 수 있는 많은 방법이 있으며, 신경망의 레이어 수를 바꿀 수 있다. 서로 다른 네트워크는 서로 다른 장점이 있다. 모든 경우에 잘 작동하는 표준 네트워크는 없다. 머신 러닝에서는 가지고 있는 데이터와 적용하려는 작업에 따라 달라진다.

이제 신경망이 무엇인지 알았으므로 정식 정의를 알아보자.

신경망의 첫 번째 레이어는 일반적으로 입력 레이어라고 하며, 마찬가지로 신경망의 마지막 레이어는 출력 레이어라고 한다. 그 사이의 다른 모든 레이어는 히든 레이어라고 한다. 입력 레이어와 출력 레이어는 네트워크에서 필수 항목이지만, 히든 레이어의 수는 0에서부터 원하는 만큼 가질 수 있다(이 장의 뒷부분에서 볼 수 있듯이 레이어 수가 많을수록 네트워크를 학습시킬 때 많은 시간이 걸리므로 균형을 유지하는 것이 매우 중요하다).

각 레이어의 크기는 어떨까? 입력 레이어의 크기는 이미지의 크기에 따라 결정된다. 이미지 크기가 28×28이라면 입력 레이어의 크기는 784(28*28)가 될 것이다. 다음은 히든 레이어 차례다. 크기는 사용자가 정한다. 명심해야 할 점은 입력 레이어에 비해 히든 레이어의 크기를 너무 크게 또는 작게 만들지 않아야 한다는 것이다. 마지막으로 출력 레이어의 크기는 레이블의 수에 따라 달라진다. 이미지를 숫자로 분류하면 10개의 서로 다른 레이블을 가질 수 있다. 출력 레이어가 하는 일은 각 레이블에 해당하는 퍼셉트론을 갖는 것이다. 따라서 이 경우에 출력 레이어의 크기는 10이 된다. 출력 레이어의 각 퍼셉트론은 입력이 특정 레이블에 있을 확률을 출력한다. 가장 높은 확률을 갖는 퍼셉트론이 선택되고 이와 연관된 레이블이 출력으로 반환된다.

네트워크 학습

네트워크 설계가 완료되면 이제 네트워크를 학습시킬 수 있다. 모든 신경망 훈련 단계는 두 부분으로 구성된다. 첫 번째에서는 입력을 앞으로 전달하고, 두 번째에서는 오류를 역전파한다. 각각을 개별적으로 이해해보자.

앞으로 전달하는 것은 입력을 받고 네트워크의 퍼셉트론을 통과시키고 퍼셉트론을 이용해 출력을 계산하는 것을 의미한다. 입력 값에 퍼셉트론의 가중치가 곱해지고 출력이 생성된다.

역전파를 하는 중에는 앞으로 전달된 출력(마지막 단계부터) 값을 실제 출력(정답 값)과 비교해 차이점을 찾는다. 이 오차를 이용해 퍼셉트론의 가중치를 수정한다. 각 퍼셉트론의 가중치를 다항식의 계수로 생각할 수 있다. 허용 가능한 오류를 가진 네트워크로 학습시키기 위해 모든 입력 데이터를 네트워크에 여러 번 전달해야 한다. 모든 데이터를 한 번 전달하는 것을 세대^{epoch}라고 부른다.

신경망을 이용한 MNIST 숫자 분류

이 모든 개념을 더 잘 이해하기 위해 sklearn 라이브러리를 사용해 신경망을 구현하자. 이 작업을 위해 MNIST 숫자 데이터 세트를 사용할 것이다. 네트워크 학습에 필요한 단계는 다음과 같다.

1. 이미지의 픽셀 값을 0과 1 또는 −1과 1 사이로 정규화해서 데이터 세트를 전처리한다(평균을 0으로 만든다).

2. 데이터 세트를 준비한다. 데이터 세트를 학습 세트와 테스트 세트로 나눈다.

3. 학습 데이터 세트로 학습한다.

4. 테스트 데이터 세트로 네트워크의 성능을 계산한다.

다음 코드는 손으로 쓴 숫자를 분류하는 신경망을 훈련시킨다(MNIST 데이터 세트).

```
from sklearn.datasets import fetch_mldata
from sklearn.neural_network import MLPClassifier
from sklearn.preprocessing import normalize
from sklearn.model_selection import train_test_split
# MNIST 데이터를 가져옴
print('Getting MNIST Data...')
mnist = fetch_mldata('MNIST original')
print('MNIST Data downloaded!')
images = mnist.data
labels = mnist.target
# 이미지 전처리
images = normalize(images, norm='l2')   # l1 norm도 사용할 수 있음
# 데이터를 학습 세트와 테스트 세트로 나눔
images_train, images_test, labels_train, labels_test = train_test_split(images,
labels, test_size=0.25, random_state=17)
# 학습하기 위한 신경망 설정
nn = MLPClassifier(hidden_layer_sizes=(100), max_iter=20, solver='sgd',learning_
rate_init=0.001, verbose=True)
# 네트워크 학습 시작
print('NN Training started...')
nn.fit(images_train, labels_train)
print('NN Training completed!')
# 테스트 데이터로 신경망 성능 평가
print('Network Performance: %f' % nn.score(images_test, labels_test))
```

코드를 살펴보고 어떤 일이 일어나는지 이해하자. 코드는 이 절의 시작 부분에서 언급한 네 단계로 이뤄졌다. 먼저 sklearn 라이브러리의 도우미 함수를 사용해 MNIST 데이터 세트를 다운로드한다. sklearn.preprocessing.normalize를 사용해 데이터 세트를 정규화한다. 그러면 데이터가 (0, 1) 사이의 값을 갖는다. 다음 단계는 데이터를 테스트 세트와 학습 세트로 분할하는 것이다. 이를 위해 sklearn.model_selection.train_test_split 함수를 사용한다. 이제 신경망 차례다. MLPClassifier 클래스를 사용해 원하는 형태의 네트워크를 만든다. 특히 유의해서 살펴볼 중요한 파라미터는 hidden_layer_sizes다. 이것이 네트워크의 크기를 조정한다. 앞서 봤듯이, 입력 및 출력 레이어는 신경망에 필수적이지만 히든 레이어의 수는 제어할 수 있다. 앞의 예에서는 크기가 100인 히든 레이어가 하나 있다. 다음 절에서는 히든 레이어의 수와 크기가 변경될 때 네트워크 성능이 어떻게 변하는지 알아본다. max_iter 파라미터는 학습을 수행할 최대 반복 횟수를 설정한다. 이는 항상 이만큼 학습을 반복한다는 것을 의미하지는 않는다. 에러율이 허용 범위 내에 도달했다면, 훈련을 조기에 끝낼 수도 있다.

다음은 위 코드의 결과다.

```
NN Training started...
Iteration 1, loss = 2.29416218
Iteration 2, loss = 2.25190395
Iteration 3, loss = 2.20543191
Iteration 4, loss = 2.15313552
Iteration 5, loss = 2.09424290
Iteration 6, loss = 2.02753398
Iteration 7, loss = 1.95293486
Iteration 8, loss = 1.87160113
Iteration 9, loss = 1.78508449
Iteration 10, loss = 1.69547767
Iteration 11, loss = 1.60492990
Iteration 12, loss = 1.51560190
Iteration 13, loss = 1.42952528
Iteration 14, loss = 1.34794722
Iteration 15, loss = 1.27173197
```

```
Iteration 16, loss = 1.20135274
Iteration 17, loss = 1.13696783
Iteration 18, loss = 1.07838018
Iteration 19, loss = 1.02531269
Iteration 20, loss = 0.97732106
NN Training completed!
Network Performance: 0.810229
```

이처럼 반복 수가 증가하면 네트워크의 손실 값(오류 값)이 계속 감소한다. 이는 네트워크가 시간이 지남에 따라 입력 데이터를 잘 학습하고 있음을 의미한다. 네트워크 성능은 테스팅을 위해 신경망에 제공되는 100개 이미지 중 81개 이미지가 올바르게 분류되고 나머지 19개 이미지가 잘못 분류됐음을 의미한다. 다음 절에서는 네트워크 성능을 향상시킬 수 있는 방법을 살펴본다.

신경망을 학습시키는 것이 어렵다고 생각하더라도 sklearn을 사용해 네트워크를 몇 분 안에 구성하고 실행시킬 수 있다. 주목할 점은 sklearn이 대규모 머신 러닝 응용프로그램을 만드는 데 최선의 선택이 아닐 수도 있다는 것이다. 많은 양의 데이터를 효율적으로 처리할 수 있는 고급 라이브러리들이 있다.

히든 레이어 다루기

이전 절에서 다룬 예제에서는 크기가 100인 히든 레이어 하나를 사용해 네트워크를 학습시켰다. 이를 변경시켜서 어떤 결과가 나오는지 살펴보자.

먼저 히든 레이어의 크기를 100에서 200으로 늘리자.

```
nn = MLPClassifier(hidden_layer_sizes =(200), max_iter = 20, solver = 'sgd',
learning_rate_init = 0.001, verbose = True)
```

네트워크의 성능은 다음과 같다.

```
Network Performance: 0.816800
```

결과에 큰 개선이 없음을 알 수 있다. 이제 히든 레이어의 수를 늘려보자. 크기가 각각 100인 히든 레이어 세 개를 사용해 네트워크를 학습시킬 것이다.

```
nn = MLPClassifier(hidden_layer_sizes =(100, 100, 100), max_iter = 20,
solver = 'sgd', learning_rate_init = 0.001, verbose = True)
```

결과는 다음과 같다.

```
Network Performance: 0.857829
```

이처럼 5%의 향상이 있었다. 즉 히든 레이어의 수를 늘리면 성능이 향상된다. 그러나 히든 레이어 수를 늘리면 성능도 그것에 비례해 향상된다는 의미는 아니다. 네트워크에 얼마나 많은 히든 레이어가 있어야 한다는 정해진 법칙은 없다.

지금까지는 완전히 연결된 네트워크만 살펴봤다. 일반적으로 사용되는 또 다른 네트워크 구조인 합성곱 신경망을 살펴보자.

▌ 합성곱 신경망

합성곱 신경망CNN, convolutional neural network은 1998년경 처음 소개됐고 그 이후로 많이 진화했다. CNN은 전통적인 신경망의 변형된 형태며, 신경망과 달리 모든 퍼셉트론이 서로 연결돼 있지 않다. CNN에서는 퍼셉트론 간에 몇 개만 연결돼 있다. 그 외에 CNN의 각 레이어는 다른 방식으로 동작할 수도 있다. 기본적인 CNN을 예로 들고 관련 개념을 설명하기 위한 기본 모델로 사용하자. 살펴볼 아키텍처는 LeNet이라고 하며 Yann LeCun 등이 제안했다. 이에 대한 연구가 CNN 분야의 시작이었다. 이것이 무엇이고, 전통적인 신경망과 어떻게 다른지 이해해보자.

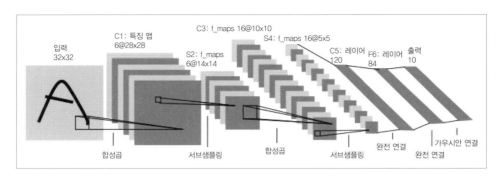

그림 4 이것은 가장 기본적인 합성곱 구조 중 하나다. LeNet(LeCun et al., 1998)
출처: http://papers.nips.cc/paper/4824-imagenet-classification-with-deep-convolutional-neural-networks.pdf

1장, '이미지 처리에 대한 소개'에서 이미지의 합성곱 개념을 배웠다. 여기서 기억을 되새겨보자. 합성곱은 전체 이미지에 커널/필터를 적용시키고 원래 이미지 크기보다 작을 수 있는 새로운 이미지를 만드는 기술이다. 이미지 전체에 필터를 적용시킬 때 핵심적으로 하는 작업은 커널/필터의 각 셀에 이미지의 해당 셀을 곱하고 이를 더해 이 곱한 값을 갖는 새로운 이미지를 만들어내는 것이다.

이름에서 알 수 있듯이, 합성곱 신경망에서는 입력을 받고 합성곱을 임의로 초기화된 필터로 이미지에 적용시키고 입력 이미지보다 작은 새로운 이미지를 생성한다. 그런 다음 이 첫 번째 레이어의 출력에 대해 동일한 작업을 반복한다. 출력 이미지를 임의로 초기화된 여러 필터와 합성곱해서 새로운 이미지를 만든다. 이것을 두 번 반복한다. 매번 이미지를 받고 필터를 사용해 합성곱을 적용하는데, 이것을 합성곱 레이어라고 부른다. 매 합성곱 레이어 후의 출력 이미지의 크기는 입력 이미지의 크기보다 작다. 이 개념은 서브샘플링subsampling으로 알려져 있다. 그림 4에서 볼 수 있듯이 두 개의 합성곱 레이어를 가지고 있으며, 이 합성곱 사이에 서브샘플링이 이뤄진다. 그림 4에서는 두 번째 서브샘플링 이후에 완전히 연결됐다. 이것은 몇몇 책과 논문에서 완전히 연결된 레이어fully connected layers라고 불린다. 완전히 연결된 레이어는 전통적인 신경망에서의 레이어와 다르지 않다. 모든 퍼셉트론을 서로 연결하는 신경망에서와 마찬가지로, CNN에서도 이것을 완전히 연결된 레이어라고 부른다. 완전히 연결된 레이어는 서브샘플링된 이미지를 각각의 레이블에 대한 점수 값으로 변환하는 데 사용된다. 완전히 연결된 레이어의 출력은 각각의 클래스에 대한 확률 값이다.

왜 합성곱 레이어를 사용해야 하고 다섯 개의 레이어를 가진 이전의 신경망을 사용하면 안될까? 전통적인 신경망의 문제점은 더 큰 이미지의 경우 잘 확장되지 않는다는 것이다. 이미지의 크기가 커지면서 신경망의 퍼셉트론 수도 증가하기 시작하고 네트워크를 훈련시키는 데 걸리는 시간이 기하급수적으로 늘어난다. 다른 한편으로, 합성곱 신경망에서 합성곱 레이어는 NN의 퍼셉트론만큼 많이 계산할 필요가 없으며 NN과 비교해서 CNN을 빠르게 학습시킬 수 있다. 그리고 같은 크기의 CNN이 더 좋은 성능을 낸다.

이제 CNN이 무엇인지 알았으므로 sklearn 라이브러리를 이용해 LeNet을 구현해보자. 다음 코드는 LeNet을 구현한 코드다. 코드에 대해 알아보기 전에 몇 개의 라이브러리를 설치해야 한다.

- **케라스:** 이것은 합성곱 신경망의 다양한 구성 요소를 구현하는 데 이용되는 머신 러닝을 위한 라이브러리다. 설치하려면 pip3 install keras를 실행해야 한다.
- **OpenCV:** 7장, 'OpenCV를 이용한 컴퓨터 비전 소개'에서 다룬 설치 과정을 따른다.

이들을 설치했다면 다음 코드를 실행할 준비가 된 것이다.

```
import numpy as np
from sklearn.cross_validation import train_test_split
from keras.models import Sequential
from keras.layers.convolutional import Conv2D, MaxPooling2D
from keras.layers.core import Activation, Flatten, Dense
from keras.optimizers import SGD
from keras.utils import np_utils
from sklearn import datasets
```

```
from keras import backend as k

k.set_image_dim_ordering("th")
# 값 설정
num_classes=10
img_depth=1
img_height=28
img_width=28
# LeNet 모델 생성
model = Sequential()
# 첫 번째 합성곱 레이어 추가
model.add(Conv2D(20, (5, 5), border_mode="same", input_shape=(img_depth, img_
height, img_width)))
model.add(Activation("relu"))
model.add(MaxPooling2D(pool_size=(2, 2), strides=(2, 2)))

# 두 번째 합성곱 레이어 추가
model.add(Conv2D(50, (5, 5), border_mode="same"))
model.add(Activation("relu"))
model.add(MaxPooling2D(pool_size=(2, 2), strides=(2, 2)))
# 완전히 연결된 레이어 추가
model.add(Flatten())
model.add(Dense(500))
# MNIST 데이터 불러옴
model.add(Activation("relu"))
# softmax 레이어 추가
model.add(Dense(num_classes))
model.add(Activation("softmax"))
mnist = datasets.fetch_mldata('MNIST original', data_home='./')

# MNIST 데이터는 784 크기를 갖는 하나의 배열임
# 이것을 합성곱 레이어로 넘기기 위해 28x28 이미지로 변환해야 함
mnist.data = mnist.data.reshape((mnist.data.shape[0], 28, 28))

mnist.data = mnist.data[:, np.newaxis, :, :]
mnist.data = mnist.data / 255.0 # 이미지를 [0, 1.0]으로 정규화
# 데이터를 학습 세트와 테스트 세트로 분리
```

```
train_data, test_data, train_label, test_label =train_test_split(mnist.data,
mnist.target, test_size=0.25)
train_label = np_utils.to_categorical(train_label, 10)
test_label = np_utils.to_categorical(test_label, 10)
# 로스 함수와 평가 방법을 설정
model.compile(loss="categorical_crossentropy", optimizer=SGD(lr=0.0001),
metrics=["accuracy"])
# LeNet 모델 학습
model.fit(train_data, train_label, batch_size=32, epochs=30, verbose=1)
# 모델 테스트
loss, accuracy = model.evaluate(test_data, test_label, batch_size=64,verbose=1)
print("Accuracy: %", format(accuracy * 100))
```

코드를 나눠서 지금까지 CNN에 대해 읽은 내용과 비교해보자. 먼저 설정 파라미터를 정의하는 것으로 시작하자. 파라미터는 이미지 깊이, 너비, 높이, 클래스 수다. 여기서는 이 책 전체에서 사용해온 MNIST 데이터 세트를 다시 사용한다.

그런 다음 앞부분에서 설명한 대로 LeNet 모델을 정의한다. 이는 합성곱 레이어들과 완전이 연결된 레이어로 구성돼 있다.

이것은 가장 간단한 CNN 중 하나다. ResNet 및 Inception과 같은 고급 CNN 구조는 이미지 분류 작업에서 좀 더 정확하고 강력하다. 이 구조의 구현은 이 책에서 다루지 않는다.

임의의 이미지를 입력으로 받고 그레이스케일로 변환한 후에 28×28 크기로 변환하고 앞서 구현한 CNN 모델로 넘기는 문제를 생각해볼 수 있다. 이 기술은 우체국에서 우편번호를 감지하는 데 사용되며 비교적 잘 작동한다.

▎ 머신 러닝의 난제들

머신 러닝에서 연구자가 직면하는 가장 중요한 문제는 데이터다. 가지고 있는 데이터가 충분한지 어떻게 결정할 수 있을까? 가지고 있는 데이터가 언제 충분하다고 말할 수 있을까? 이와 같은 질문들은 대답하기 어려운 질문이다. 머신 러닝 시스템을 구축하는 주목적은 주어진 시나리오에 대해 가능한 한 일반화하는 것이다. 손으로 쓴 숫자를 분류하는 시스템을 만든다고 가정해보자. 시스템에 입력으로 사용되는 숫자 5 이미지에 대해 올바른 출력을 낼 수 있을까? 학습 데이터가 다섯 명으로부터 받은 것이고, 여섯 번째 사람으로부터 받은 데이터로 시스템을 테스트하려 한다. 잘 동작할까? 이 문제는 레이블링된 데이터의 부족과 관련 있다. 데이터 수집의 가장 힘든 부분 중 하나가 데이터에 레이블을 다는 것이다. 시간이 지남에 따라 연구자들의 협력을 통해 좋은 품질의 레이블링된 데이터를 얻을 수 있다. 하지만 머신 러닝을 이전에 고려하지 않았던 새로운 분야에 적용하려면 데이터를 수집하고 레이블을 다는 것은 무시할 수 없는 까다로운 작업이다. 데이터가 좋을수록 좋은 시스템을 구축할 수 있다. 하지만 좋은 데이터가 있다고 해서 반드시 좋은 시스템이 된다는 의미는 아니다. 당연히 좋은 알고리즘이 필요하다.

▎ 요약

이 장에서는 머신 러닝에서 중요한 영역인 신경망에 대해 학습했다. 신경망은 여러 최신 머신 러닝 시스템의 기초가 된다. 신경망이 무엇이고 어떻게 동작하는지 이해하는 것으로 이 장을 시작했다. 숫자 분류 예제를 이용해 입력 이미지를 10개의 숫자 중 하나의 숫자로 분류할 수 있는 기본 신경망을 학습시켰다. 그 후 더 복잡한 신경망인 LeNet을 학습시켰다. LeNet은 이후에 전통적인 신경망보다 성능이 좋은 것으로 입증된 합성곱 신경망의 한 예다. 마지막으로 머신 러닝에서 연구자와 개발자가 직면한 몇 가지 도전적인 문제들을 알아봤다. 다음 장에서는 다른 이미지 처리 라이브러리인 OpenCV에 대해 알아보겠다. 이는 독자가 컴퓨터 비전 응용프로그램을 만드는 데 사용되는 도구를 확장하도록 도울 수 있다.

07

OpenCV를 이용한
컴퓨터 비전 소개

OpenCV는 이미지 처리 및 컴퓨터 비전을 위한 오픈소스 라이브러리다. 이 책 전반에 걸쳐 다양한 응용프로그램을 구현하기 위한 도구로 scikit-image와 Pillow를 살펴봤다. 이 장에서는 OpenCV에 대해 알아보고 이미지 처리에서 기본 연산을 구현하는 방법을 살펴본다. 이것은 다음을 포함한다.

- 모폴로지 연산
- 에지 검출
- 윤곽선 검출
- 필터
- 템플릿 매칭

OpenCV는 여러 분야의 연구용 및 상업용 제품에서 널리 사용되는 라이브러리다. 이 장에서는 지금까지 이 책에서 다뤘던 일부 알고리즘과 응용 예들을 다시 살펴보고 파이썬 3를 위한 OpenCV를 사용해 다시 구현한다.

설치

이 절에서는 다양한 운영체제에 OpenCV를 설치하는 과정을 살펴본다.

맥 OS

다음 단계에 따라 맥 OS에 OpenCV를 설치한다.

1. 첫 번째 단계는 시스템에 Xcode를 설치하는 것이다. 앱 스토어에서 무료로 Xcode를 설치할 수 있다. 터미널을 열고 다음 명령을 실행해 라이선스를 승인한다.

```
$: sudo xcodebuild -license
```

2. 이제 문서 끝에 agree를 입력한다. 그런 다음에 다음 명령을 실행해 Xcode를 이용한 명령행 도구를 설치한다.

```
$: sudo xcode-select -install
```

3. 다음 단계는 homebrew 명령을 사용해 OpenCV를 설치하는 것이다. 설치를 위해 homebrew를 사용해 다음 명령을 실행한다.

```
$: brew tap homebrew/science
$: brew install opencv3 --with-contrib --with-python3 --without-python
```

4. 이제 최종 단계는 OpenCV와 파이썬을 연결하는 것이다. 이렇게 하기 위해 먼저 다음 명령을 실행해 /usr/local/opt/opencv3/lib/python3.5/site-packages/에 있는 파일 이름을 cv2.cpython-35m-darwin.so에서 cv2.so로 변경해야 한다.

```
$: cd /usr/local/opt/opencv3/lib/python3.5/site-packages/
mv cv2.cpython-35m-darwin.so cv2.so
```

5. 그런 다음 이 명령을 실행해 설치를 완료한다.

```
$: echo /usr/local/opt/opencv3/lib/python3.5/site-packages >>
/usr/local/lib/python3.5/site-packages/opencv3.pth
```

윈도우

윈도우의 OpenCV는 pip 명령을 사용해 설치할 수 있다.

```
$: pip3 install opencv-contrib-python
```

리눅스

리눅스에서도 pip 명령을 사용해 OpenCV를 설치할 수 있다. 이 명령은 다음과 같다.

```
$: pip3 install opencv-contrib-python
```

▮ OpenCV API들

이제 컴퓨터에 OpenCV 3.2가 설치됐으므로 OpenCV에서 지원하는 다양한 API를 알아보고 컴퓨터 비전 응용프로그램을 만드는 데 이 API를 어떻게 사용하는지 알아보자.

이미지 읽기

OpenCV는 imread( ) 함수를 사용해 이미지를 읽는다. 파일의 이름을 입력으로 받고 이미지 행렬을 돌려준다. imshow( ) 함수를 사용해 이미지를 표시할 수 있다. imshow( ) 함수는 제목과 이미지 행렬을 파라미터로 사용한다. 다음은 이미지를 읽는 예제다.

```
>>> import cv2
>>> img = cv2.imread("image.jpg")
>>> cv2.imshow("image" ,img)
```

다음 그림은 위 코드의 결과다.

그림 1

이미지 쓰기/저장

imwrite() 함수를 사용해 이미지를 디스크에 저장할 수 있다. 이미지 이름과 이미지 행렬을 입력으로 사용한다. 다음은 이미지를 쓰는 예제다.

```
>>> import cv2
>>> img = cv2.imread("image.jpg")
>>> cv2.imwrite("saved_image.jpg", img)
```

색상 공간 변경하기

OpenCV는 한 색상 공간에서 다른 색상 공간으로 이미지를 변환하는 cvtColor() 함수를 제공한다. 이미지를 입력으로 받고 색상 공간 변환 코드도 사용한다. 다음은 몇 가지 변환 코드다.

- COLOR_BGR2GRAY
- COLOR_BGR2HSV
- COLOR_HSV2BGR
- COLOR_BGR2YUV
- COLOR_GRAY2BGR

다음은 BGR 이미지를 그레이스케일 이미지로 변환하는 예제 코드다. cvtColor() 함수의 두 번째 파라미터를 앞서 언급한 파라미터 값 중 하나를 사용해 변경할 수 있다.

```
>>> import cv2
>>> img = cv2.imread("image.jpg")
>>> gray = cv2.cvtColor(img, cv2.COLOR_BGR2GRAY)
>>> cv2.imwrite("gray_image.jpg", gray)
>>> cv2.imshow("image", gray)
```

다음 그림은 위 코드의 결과다.

그림 2 원본 이미지는 왼쪽에 있고 출력은 오른쪽에 있다.

크기 조정

OpenCV는 이미지 크기를 조정하기 위해 이미지, 크기, 보간 알고리즘을 입력으로 사용하는 resize( ) 함수를 제공한다. 다양한 보간 알고리즘이 새로운 픽셀 값을 보간하는 데 사용될 수 있다. 다음은 이미지 크기를 조정하는 데 사용할 수 있는 보간 알고리즘이다.

- **cv2.INTER_AREA**: 이 알고리즘은 이미지 축소에 적합하다.
- **cv2.INTER_CUBIC**: 이 알고리즘은 확대에 적합하다(느림).
- **cv2.INTER_LINEAR**: 이 알고리즘은 확대에 적합하다.
- **cv2.INTER_LINEAR**: 이것은 기본 알고리즘이다.

다음은 이미지 크기를 조정하는 예제다.

```
>>> import cv2
>>> img = cv2.imread("image.jpg")
>>> r, c = img.shape[:2]
>>> new_img = cv2.resize(img, (2*r,2*c), interpolation = cv2.INTER_CUBIC)
>>> cv2.imwrite("resize_image.jpg", new_img)
>>> cv2.imshow("resize", new_img)
```

이 코드의 `img.shape` 속성은 이미지의 크기를 반환한다. 다음 그림은 앞 코드의 출력을 보여준다.

그림 3 원본 이미지는 왼쪽에 있고 출력은 오른쪽에 있다.

이미지 자르기

OpenCV에서 이미지 자르기는 매우 쉬우며, 이미지 배열을 분할해 수행할 수 있다. 배열을 분할하는 것은 특정 인덱스 값 내에서 배열 값을 가져오는 것이다. 다음 예제를 보자.

```
>>> import cv2
>>> img = cv2.imread("image.jpg")
>>> img_crop = img[0:200, 150:350]
>>> cv2.imwrite("crop_img.jpg", img_crop)
>>> cv2.imshow("crop", img_crop)
```

다음 그림은 위 코드의 결과다.

그림 4 원본 이미지는 왼쪽에 있고 출력은 오른쪽에 있다.

이동

기하학적 변환의 경우 OpenCV는 이미지, 변환 행렬, 이미지의 크기를 입력으로 사용하는 wrapAffine( ) 함수를 제공한다. 이동을 위한 변환 행렬은 다음과 같다.

$$M = \begin{bmatrix} 1 & 0 & t_x \\ 0 & 1 & t_y \end{bmatrix}$$

여기서 (t_x, t_y)는 이미지의 이동량을 알려준다. 예를 들어 다음 코드는 이미지를 $(100,100)$ 만큼 이동시킨다.

```
>>> import cv2
>>> import numpy as np
>>> img = cv2.imread("image.jpg")
>>> r, c = img.shape[:2]
>>> M = np.float32([[1,0,100],[0,1,100]])
>>> new_img = cv2.warpAffine(img ,M, (c,r))
```

150

```
>>> cv2.imwrite("translation.jpg", new_img)
>>> cv2.imshow("translation", new_img)
```

다음 그림은 위 코드의 결과다.

그림 5 원본 이미지는 왼쪽에 있고 출력은 오른쪽에 있다.

회전

wrapAffine( )을 사용해 회전할 수도 있다. 이때 변환 행렬만 변경된다. 회전에 대한 변환
행렬은 다음과 같다.

$$M = \begin{bmatrix} \cos\theta & -\sin\theta \\ \sin\theta & \cos\theta \end{bmatrix}$$

여기서 θ는 이미지 회전 각도다. 다음 코드는 이미지를 90도 회전시키는 예제다.

```
>>> import cv2
>>> img = cv2.imread("image.jpg")
>>> r, c = img.shape[:2]
>>> M = cv2.getRotationMatrix2D((c/2, r/2),90,1)
>>> new_img = cv2.warpAffine(img, M, (c, r))
>>> cv2.imwrite("rotate_img.jpg", new_img)
```

```
>>> cv2.imshow("rotate", new_img)
```

이 코드에서는 getRotationMatrix2D() 함수를 사용해 변환 행렬을 생성한다. 회전의 중심, 회전 각도, 크기 비율을 입력으로 사용한다. 다음 그림은 이 코드의 결과다.

그림 6 원본 이미지는 왼쪽에 있고 출력은 오른쪽에 있다.

임계값 처리

2장, '필터와 특징'에서 임계 처리에 대해 배웠다. 이제 OpenCV를 사용해 어떻게 구현할수 있는지 살펴보자. OpenCV는 threshold() 함수를 가지고 있다. 이 함수는 그레이스케일 이미지, 임계값, 임계 처리의 종류를 입력으로 받고, 값이 임계값보다 크다면 새로운 값이 할당된다.

임계값 처리의 종류는 다음과 같다.

- cv2.THRESH_BINARY
- cv2.THRESH_BINARY_INV
- cv2.THRESH_TRUNC
- cv2.THRESH_TOZERO
- cv2.THRESH_TOZERO_INV

다음 코드는 임계값 처리의 예다.

```
>>> import cv2
>>> img = cv2.imread("image.jpg")
>>> gray = cv2.cvtColor(img, cv2.COLOR_BGR2GRAY)
>>> new_img = cv2.threshold(gray, 120, 255, cv2.THRESH_BINARY)
>>> cv2.imwrite("thresholding.jpg", new_img[1])
>>> cv2.imshow("thresholding", new_img[1])
```

위의 예에서 그레이스케일 이미지에 있는 모든 픽셀 중 120보다 큰 값을 가진 픽셀은 흰색으로 설정되고 나머지 픽셀은 검은색으로 설정된다. 앞 코드의 출력은 그림 7에서 볼 수 있다.

그림 7 원본 이미지는 왼쪽에 있고 출력은 오른쪽에 있다.

필터

이 절에서는 OpenCV 라이브러리를 사용해 2장, '필터와 특징'에서 봤던 몇 가지 필터를 구현할 것이다. 이전 장에서 봤듯이 필터는 이미지와 커널의 합성곱에 의해 생성된다. 이 작업을 수행하기 위해 OpenCV는 이미지, 목표 이미지 깊이, 커널을 입력으로 사용하는 `cv2.filter2D()` 함수를 제공한다. 이것을 사용해 사용자 필터를 만들 수 있다.

다음 예제를 보자.

```
>>> import cv2
>>> import numpy as np
>>> img = cv2.imread("image.jpg")
>>> ker = np.array([[1, 1, 1],
... [1, 1, 1],
... [1, 1, 1]])
>>> new_img = cv2.filter2D(img,-1,ker)
>>> cv2.imwrite("filter.jpg", new_img)
>>> cv2.imshow("filter", new_img)
```

커널은 다음과 같이 사용된다.

$$\begin{bmatrix} 1 & 1 & 1 \\ 1 & 1 & 1 \\ 1 & 1 & 1 \end{bmatrix}$$

다음 그림은 위 코드의 결과다.

그림 8 원본 이미지는 왼쪽에 있고 출력은 오른쪽에 있다.

이제 OpenCV에서 지원하는 필터의 다른 내장 기능을 살펴보자.

가우시안 블러

내장 함수인 GaussianBlur( )가 있다. GaussianBlur( )는 이미지, 커널 크기, 표준 편차를 입력으로 사용한다. 만약 입력 표준 편차가 0이면 표준 편차는 커널 크기에서 계산된다.

```
>>> import cv2
>>> img = cv2.imread("image.jpg")
>>> new_img = cv2.GaussianBlur(img, (5, 5), 0)
>>> cv2.imwrite("gaussian_blur.jpg", new_img)
>>> cv2.imshow("gaussian_blur.jpg", new_img)
```

다음 그림은 가우시안 블러 필터를 적용한 결과다.

그림 9 원본 이미지는 왼쪽에 있고 출력은 오른쪽에 있다.

중간값 블러

OpenCV에는 medianBlur( ) 함수가 있다. 이 함수는 이미지와 커널의 크기를 입력(양의 홀수 값)으로 사용한다.

```
>>> import cv2
>>> img = cv2.imread("image.jpg")
>>> new_img = cv2.medianBlur(img, 5)
>>> cv2.imwrite("median_blur.jpg", new_img)
```

```
>>> cv2.imshow("median_blur", new_img)
```

다음 그림은 중간 흐림 필터를 적용한 결과다.

그림 10 원본 이미지는 왼쪽에 있고 출력은 오른쪽에 있다.

모폴로지 연산

이 절에서는 2장, '필터와 특징'에서 배웠던 침식 및 팽창을 OpenCV 라이브러리를 사용해 구현하는 방법을 살펴본다.

침식

이전 장에서 봤듯이 침식erosion은 구조 요소 혹은 커널을 필요로 한다. 따라서 OpenCV의 erode( ) 함수는 이미지, 커널, 침식 적용 횟수를 입력받는다. 예제 코드를 보자.

```
>>> import cv2
>>> import numpy as np
>>> img = cv2.imread("thresholding.jpg")
>>> ker = np.ones((5,5),np.uint8)
>>> new_img = cv2.erode(img, ker, iterations = 1)
>>> cv2.imwrite("erosion.jpg", new_img)
>>> cv2.imshow("erosion", new_img)
```

다음 그림은 코드 출력을 보여준다.

그림 11 입력 이미지는 왼쪽에 있고 오른쪽 이미지는 출력이다.

팽창

마찬가지로 dilate( ) 함수를 사용해 팽창^{dilation}을 구현한 코드를 보자.

```
>>> import cv2
>>> import numpy as np
>>> img = cv2.imread("thresholding.jpg")
>>> ker = np.ones((5,5),np.uint8)
>>> new_img = cv2.dilate(img, ker,iterations = 1)
>>> cv2.imwrite("dilation.jpg", new_img)
>>> cv2.imshow("dilation", new_img)
```

다음 그림은 위 코드의 결과다.

그림 12 입력 이미지는 왼쪽에 있고 오른쪽 이미지는 출력이다.

에지 검출

이 절에서는 2장, '필터와 특징'에서 살펴본 에지 검출 알고리즘을 OpenCV를 사용해 구현하는 것을 살펴본다. 소벨과 캐니 에지 검출 알고리즘을 다룰 것이다.

소벨 에지 검출

OpenCV의 Sobel( ) 함수는 이미지의 에지를 찾는 데 사용할 수 있다. Sobel( ) 함수는 이미지, 출력 이미지 깊이, x 및 y 방향의 미분 순서, 커널 크기를 입력으로 사용한다. 다음 코드에서 수평 및 수직 방향의 에지 검출을 살펴보자.

```
>>> import cv2
>>> img = cv2.imread("image.jpg")
>>> gray = cv2.cvtColor(img, cv2.COLOR_BGR2GRAY)
>>> x_edges = cv2.Sobel(gray, -1, 1, 0, ksize=5)
>>> cv2.imwrite("sobel_edges_x.jpg", x_edges)
>>> y_edges = cv2.Sobel(gray, -1, 0, 1, ksize=5)
>>> cv2.imwrite("sobel_edges_y.jpg", y_edges)
>>> cv2.imshow("xedges", x_edges)
>>> cv2.imshow("yedges", y_edges)
```

코드에서 소벨의 경우 x 방향의 미분은 x 방향의 미분 차수를 1로, y 방향의 미분 차수를 0으로 설정하고 y 방향의 미분은 이와 반대로 설정한다. 그리고 이미지 깊이에는 −1을 사용했는데, 출력 이미지의 깊이가 입력 깊이와 동일하다는 의미다.

다음 그림은 x 방향 소벨의 출력이다.

그림 13 왼쪽 이미지는 입력 이미지고 오른쪽 이미지는 x 방향 소벨의 출력이다.

다음 그림은 y 방향의 출력이다.

그림 14 왼쪽 이미지는 입력 이미지고 오른쪽 이미지는 y 방향 소벨의 출력이다.

캐니 에지 검출

이제 OpenCV에서 Canny( ) 함수를 살펴보자. Canny( ) 함수는 이미지, 최소 및 최대 임계값, 커널 크기를 입력으로 사용한다. 다음 코드는 파이썬에서 캐니 에지 검출을 하는 방법을 보여준다.

```
>>> import cv2
>>> img = cv2.imread("image.jpg")
>>> gray = cv2.cvtColor(img, cv2.COLOR_BGR2GRAY)
>>> edges = cv2.Canny(gray, 100, 200, 3)
>>> cv2.imwrite("canny_edges.jpg", edges)
>>> cv2.imshow("canny_edges", edges)
```

앞 코드의 출력 이미지는 다음과 같다.

그림 15 왼쪽 이미지는 입력 이미지고 오른쪽 이미지는 캐니 에지 검출기의 출력이다.

윤곽선 검출

이 절에서는 OpenCV에서 findContours( ) 함수를 사용하는 방법을 살펴본다. 먼저 함수가 어떤 것을 반환하는지 살펴보자. 세 개의 배열을 반환한다. 첫 번째는 입력 이미지 배열이고, 두 번째는 이미지에서 발견한 윤곽선이며, 세 번째는 계층 배열이다. 계층 구조 배열은 윤곽 사이의 관계를 저장한다. 예를 들어 한 윤곽선이 다른 윤곽선 내에 있는 경우

부모-자식 관계를 가지며 이 윤곽선은 계층 구조 배열에 저장된다. findContours( ) 함수는 소스 이미지, 윤곽선 검색 모드, 윤곽선 근사 방법이라는 세 가지 인자를 사용한다.

윤곽선 검색 모드는 윤곽선 계층 구조의 종류를 알려준다. 예를 들어, RETR_LIST에서 부모와 자식은 동일하게 간주되며 동일한 계층 구조에 있는 것으로 여겨진다. 검색 모드의 유형들은 다음과 같다.

- RETR_EXTERNAL
- RETR_CCOMP
- RETR_TREE

```
>>> import cv2
>>> img = cv2.imread('image.jpg')
>>> gray = cv2.cvtColor(img,cv2.COLOR_BGR2GRAY)
>>> thresh_img = cv2.threshold(gray, 127, 255, 0)
>>> im, contours, hierarchy = cv2.findContours(thresh_img[1], cv2.RETR_TREE, cv2.CHAIN_APPROX_SIMPLE)
>>> cv2.drawContours(img, contours, -1, (255,0,0), 3)
>>> cv2.imwrite("contours.jpg", img)
>>> cv2.imshow("contours", img)
```

그림 16은 코드의 출력을 보여준다.

그림 16 왼쪽 이미지는 입력 이미지고 오른쪽 이미지는 파란색으로 표시된 윤곽선이 있는 출력이다.

템플릿 매칭

이 절에서는 OpenCV 함수를 사용해 이미지에서 템플릿 이미지를 어떻게 찾는지 알아본다. 작은 이미지로 템플릿 매칭을 하면 큰 이미지에서 템플릿과 일치하는 좌표를 얻을 수 있다. 예제를 통해 이를 이해하고 파이썬에서 코드를 작성하는 방법을 살펴보자. 그림 17은 예제에서 사용할 템플릿 이미지다.

그림 17 이미지에서 찾고자 하는 템플릿 이미지

그림 18은 템플릿 이미지를 위치시켜야 하는 원본 이미지다.

그림 18 그림 17에 표시된 템플릿을 찾는 데 사용되는 이미지

템플릿 매칭을 위한 코드에서는 cv2.matchTemplate( )과 cv2.minMaxLoc( ) 함수를 사용

할 것이다. cv2.matchTemplate( ) 함수는 이미지에서 반복적으로 입력과 템플릿 이미지를 비교해 일치하는 것을 찾는다. cv2.minMaxLoc( )는 가장 일치하는 위치를 알려준다. 이미지에서 템플릿을 찾는 몇 가지 방법이 있다.

- cv2.TM_CCOEFF
- cv2.TM_CCOEFF_NORMED
- cv2.TM_CCORR
- cv2.TM_CCORR_NORMED
- cv2.TM_SQDIFF
- cv2.TM_SQDIFF_NORMED

템플릿 매칭 코드는 다음과 같다.

```
import cv2
img = cv2.imread("image.jpg")
gray = cv2.cvtColor(img, cv2.COLOR_BGR2GRAY)
img_temp = cv2.imread("template.jpg")
gray_temp = cv2.cvtColor(img_temp, cv2.COLOR_BGR2GRAY)
w, h = gray_temp.shape[::-1]
output = cv2.matchTemplate(gray, gray_temp, cv2.TM_CCOEFF_NORMED)
min_val, max_val, min_loc, max_loc = cv2.minMaxLoc(output)
top = max_loc
bottom =(top[0] + w, top[1] + h)
cv2.rectangle(img, top, bottom, 255, 2)
cv2.imshow("image", img)
cv2.imwrite("img.jpg", img)
```

이 코드에서 max_loc 변수는 직사각형의 왼쪽 위 코너 좌표를 돌려준다. 오른쪽 아래 좌표를 찾으려면 템플릿 이미지의 너비와 높이를 왼쪽 상단 좌표에 더하면 된다. 그림 19는 코드의 출력을 보여준다.

그림 19 템플릿 매칭의 출력. 파란색 상자는 이 이미지와 그림 17에 표시된 템플릿이 일치하는 부분을 보여준다.

▌ 요약

이 장에서는 지금까지 이 책에서 다뤘던 모든 알고리즘들을 다시 살펴봤고 그 알고리즘을 새로운 오픈소스 라이브러리인 OpenCV를 사용해 구현했다. 이 장에서 설명하는 내용들은 OpenCV를 이용한 이미지 처리의 기본을 마련하고 좀 더 정교한 응용프로그램을 만들 수 있게 해준다.

다음 장에서는 OpenCV에서 제공하는 특징 추출 알고리즘을 살펴볼 것이다.

08

OpenCV를 이용한 물체 검출

이 장에서는 3장, '특징들에 대해 더 알아보기: 물체 검출'의 내용을 다시 다루면서 새로운 알고리즘을 사용한다. 이미 3장의 물체 검출에 익숙할 것이므로 이 장에서는 몇 가지 추가적인 특징 추출 알고리즘을 다룬다. 3장과 달리 이 장에서는 OpenCV를 사용해 모든 알고리즘을 구현한다.

이 장에서는 다음 주제를 다룬다.

- Haar 직렬형 분류기
- SIFT^{Scale Invariant Feature Transformation}
- SURF^{Speeded-up robust features}

▌ Haar 직렬형 분류기

Haar 직렬형 분류기는 직렬형 분류기의 한 종류로 시스템이 여러 체인 분류기로 구성된다(직렬형 분류기에 대한 자세한 내용은 3장을 참조). Haar 직렬형 분류기는 초기 특징 추출 알고리즘 중 하나다. Viola와 Jones는 얼굴 검출 알고리즘에서 Haar 웨이블릿^{wavelet}을 사용해 이미지에서 특징을 추출하는 방법을 처음으로 소개했다. 그들은 Haar 직렬형 분류기를 이용한 얼굴 검출 알고리즘을 제안했다. 알고리즘의 기본 아이디어는 모든 얼굴에 존재하는 고유한 구조를 찾는 것이었다. 예를 들어, 모든 사람의 얼굴에서 눈 부분은 뺨보다 어둡고 콧날 부분보다도 어둡다. 이러한 사람의 얼굴 특성을 사용해 얼굴의 일반적인 모델을 학습한 후 이렇게 학습된 모델을 사용해 이미지에서 얼굴을 검출한다.

Haar 직렬형 분류기의 경우 5장과 6장에서 다룬 것처럼 먼저 얼굴 이미지를 사용해 모델을 학습한 후 테스트 이미지에서 테스트한다. 처음에는 긍정적인 이미지(얼굴이 있는 이미지)와 부정적인 이미지(얼굴이 없는 이미지)를 학습 알고리즘에 넣고 분류기를 학습한다. 그런 다음 합성곱 커널을 사용해 이미지에서 Haar 특징을 추출한다(다음 그림 참조). 특징 값은 검은색 직사각형에 속한 픽셀의 합에서 흰색 직사각형에 속한 픽셀의 합을 뺀 값이다. 이미지 전체에 걸쳐 이러한 커널(Haar 특징)을 슬라이드해서 특징 값을 계산한다. 이 값이 사용자가 정의한 특정 임계값을 초과하면 대응된다고 하며, 그렇지 않을 경우 해당 지역을 버린다. 다음 그림은 얼굴 인식에 사용되는 몇 가지 Haar 특징을 보여준다. 이러한 특징은 다른 물체에도 사용할 수 있으며 얼굴 검출에 제한되지는 않는다.

그림 1 여러 Haar 특징들(왼쪽)과 얼굴 검출에 사용된 방법(오른쪽)

166

이미지에서 Haar 특징을 테스트할 때, 계산 시간을 줄이기 위해 적분 이미지를 사용한다. 적분 이미지가 무엇인지 이해해보자.

적분 이미지

적분 이미지는 영역 합 테이블summed area table이라고도 하며 이미지를 저장하는 또 다른 형태다. 적분 이미지에서 이미지의 각 픽셀은 왼쪽과 위쪽에 있는 모든 픽셀 값의 합을 갖는다.

다음에 표시된 수식은 적분 이미지를 계산하는 데 사용된다.

$$I_\Sigma\left(x, y\right) = \sum_{\substack{x' \leq x \\ y' \leq y}} i\left(x', y'\right)$$

여기서 $i(x', y')$는 이미지의 (x', y')에 있는 픽셀의 값을 의미한다. I는 적분 이미지다.

적분 이미지를 계산하는 식을 잘 살펴보면, 중복 계산이 많다는 것을 알 수 있다. 픽셀 (5, 5) 값을 계산하기 위해 픽셀 (1, 1), (2, 2) 등에 있는 값을 계산한다. 적분 이미지에서 사전에 계산된 값을 사용하면 이러한 계산을 피할 수 있다. 다음 수식은 효율적인 방식으로 적분 이미지를 계산한다.

$$I\left(x, y\right) = i\left(x, y\right) - I\left(x-1, y-1\right) + I\left(x, y-1\right) + I\left(x-1, y\right)$$

여기서 i는 원본 이미지고 I는 적분 이미지다.

Haar 직렬형 분류기로 돌아와 이미지에 있는 얼굴을 검출하기 위한 Haar 직렬형 분류기의 구현을 살펴보자. 코드를 살펴보기 전에 미리 학습된 Haar 직렬형 분류기 XML 파일을 OpenCV 저장소에서 다운로드해야 한다. 파일을 다운로드하는 링크는 다음과 같다.

https://github.com/opencv/opencv/tree/master/data/haarcascades

원하는 형태의 미리 학습된 Haar 직렬형 분류기를 다운로드할 수 있다. 그러나 이 예제의 목적을 위해 haarcascade_frontalface_default.xml과 haarcascade_eye.xml을 사용한다.

코드는 다음과 같다.

```python
import cv2
face_cascade =
cv2.CascadeClassifier('haarcascade_frontalface_default.xml')
eye_cascade = cv2.CascadeClassifier('haarcascade_eye.xml')
img = cv2.imread('image.jpg')
img_gray = cv2.cvtColor(img, cv2.COLOR_BGR2GRAY)
faces = face_cascade.detectMultiScale(img_gray, 1.3, 5)
for(x, y, w, h) in faces:
    cv2.rectangle(img, (x, y), (x+w, y+h), (255,0,0),2)
    roi_gray = img_gray[y:y+h, x:x+w]
    roi_color = img[y:y+h, x:x+w]
    eyes = eye_cascade.detectMultiScale(roi_gray)
    for(ex, ey, ew, eh) in eyes:
        cv2.rectangle(roi_color, (ex, ey), (ex+ew, ey+eh), (0,255,0),2)

cv2.imwrite('output.jpg', img)
```

앞의 코드는 매우 쉽게 따라 할 수 있다. 먼저 cv2.CascadeClassifier() 함수를 사용해 Haar 직렬형 분류기를 불러온다. 두 개의 분류기를 부르는데, 하나는 얼굴 검출용이고 다른 하나는 눈 검출용이다. 이 코드는 먼저 얼굴을 검출한 다음, 얼굴 영역 내에서 눈을 검출한다. 따라서 XML 파일을 로드한 후에 얼굴을 검출할 이미지를 읽는다. 먼저 전체 이미지에 대해 얼굴 검출을 한다. 얼굴 검출 결과를 faces 변수에 저장한 후 여기에 저장된 목록에서 반복적으로 눈 검출 분류기를 실행해 이미지에 있는 모든 눈을 찾는다. 계산 비용을 줄이기 위해 관심 영역을 추출하고 얼굴 영역에서만 눈 검출을 한다.

168

앞의 코드에 대한 출력은 다음과 같다.

그림 2 Haar 직렬형 분류기를 이용한 얼굴 검출 결과

Haar 직렬형 분류기는 다른 종류의 물체에서도 동작하도록 확장될 수 있다. 검출하려는 개체의 긍정적인 이미지와 부정적인 이미지를 제공해 분류기를 학습시켜야 한다. Haar 직렬형 분류기를 학습시키려면 많은 시간이 필요하지만 테스트 이미지에 학습된 분류기를 사용하면 빠르다.

다음으로 살펴볼 특징 추출 알고리즘은 SIFT다.

▌ SIFT

SIFT^Scale Invariant Feature Transformation는 현재까지 가장 널리 사용되는 특징 추출 알고리즘 중하나다. SIFT의 크기, 이동 및 회전 불변성, 대비, 밝기, 기타 변환의 변화에 대한 강인함으로 인해 특징 추출 및 물체 검출 문제에서 인기 있는 알고리즘이다.

이 알고리즘은 David Lowe가 2004년에 제안했다. 최초 출판 논문은 http://www.cs.ubc.ca/~lowe/papers/ijcv04에서 볼 수 있다.

SIFT의 몇 가지 중요한 속성은 다음과 같다.

- 물체의 크기 및 회전 변화에 영향을 받지 않는다.
- 또한 3D 시점 및 조명 변화에 부분적으로 영향을 받지 않는다.
- 하나의 이미지에서 다수의 키포인트(특징)를 추출할 수 있다.

SIFT가 앞서 언급한 모든 속성을 어떻게 달성할 수 있는지 살펴보자. 다음 절에서는 SIFT 알고리즘에 대해 자세히 설명한다.

SIFT의 내부 알고리즘

SIFT의 주요 동기는 이미지에서 강인한 지역 특징을 추출하는 것이다. 이를 위해 알고리즘은 다음과 같은 네 가지 주요 단계로 나뉜다.

- 크기 공간의 극한값 검출
- 키포인트 위치시키기
- 방향 할당
- 키포인트 설명자 추가

3장의 내용을 주의 깊게 읽었다면, 이 알고리즘이 ORB 알고리즘과 매우 유사하다는 것을 알 수 있다(ORB 이전에 SIFT가 제안됐다). 이 점을 고려하면 대부분의 특징 검출 알고리즘은 강인한 특징을 추출한다는 동일한 동기를 가지므로, 매우 유사한 접근 방식을 갖는다. 모든 알고리즘은 각 단계에서 고유한 작업을 수행하며, 각 단계에서 다른 방법보다 나은 시나리오를 통해 서로 차별성을 갖는다.

SIFT로 돌아와 각 단계를 자세히 살펴보자.

크기 공간의 극한값 검출

SIFT의 첫 번째 단계에서는 그림 3과 같이 원본 이미지로부터 다중 크기 피라미드를 생성해 크기 불변성을 달성하는 것을 목표로 한다.

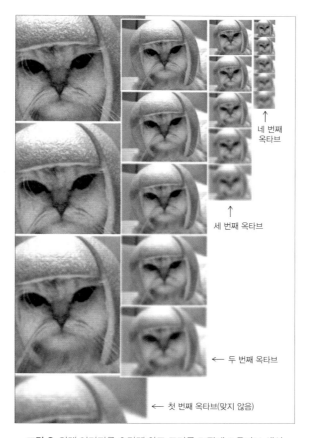

네 번째
옥타브

세 번째 옥타브

← 두 번째 옥타브

← 첫 번째 옥타브(맞지 않음)

그림 3 원래 이미지를 흐리게 하고 크기를 조정해 4 옥타브 생성

여기서는 크기가 달라지면서 사라지는 요소들을 없애는 것이 핵심이다. 그렇게 함으로써, 크기에 따라 변하지 않는 정보를 얻을 수 있다. 위 그림에 표시된 피라미드를 얻기 위해 이미지에 가우시안 블러를 적용한다.

먼저 원래 이미지를 가져와서 다른 시그마 값으로 가우시안 블러를 다섯 번 적용한다. 결과적으로 동일한 크기를 가진 다섯 개의 흐려진 이미지가 생성됐다. SIFT에서 이것은 옥타브로 알려져 있다. 다음으로 원본 이미지의 크기를 조정하고 크기가 조정된 이미지로 다른 옥타브를 만든다. 네 개의 다른 옥타브를 얻기 위해 이 과정을 네 번 반복한다. 그림

1에서 각 세로줄은 한 옥타브를 나타낸다. 여기서 다섯 개의 흐려진 이미지와 네 개의 옥타브는 SIFT의 하이퍼 파라미터라는 점을 주목해야 한다. 총 옥타브 수와 옥타브마다 흐린 이미지의 수를 자유롭게 선택할 수 있다. 경험적인 실험에 의하면 4 옥타브와 각 옥타브마다 다섯 개의 흐린 이미지가 가장 좋은 결과를 냈다.

모든 이미지를 얻은 후에는 이미지에서 에지를 정확하게 검출하는 데 사용되는 가우시안의 라플라시안Laplacian of Gaussian을 적용할 것이다. 가우시안의 라플라시안에서는 이미지의 2차 미분을 계산한다. 이것으로 이미지에서 잠재적인 키포인트로 사용될 모든 에지와 코너를 찾는다. 2차 미분은 노이즈에 매우 민감하기 때문에 가우시안 블러는 안정적으로 미분하는 데 도움이 된다. 이차 미분을 하는 데 또 다른 어려움이 있다. 이에 대한 계산은 시간이 많이 소요되며 SIFT를 실시간 응용프로그램에서 사용하는 경우에 적합하지 않다. 2차 미분의 계산 시간을 줄이기 위해서는 근삿값을 이용한다. 2차 미분을 가우시안 차분DoG, Difference of Gaussian으로 근사한다(자세한 내용은 2장 참조). 다음 식은 근사한 것이다.

$$D(x, y, \sigma) = \big(G(x, y, k\sigma) - G(x, y, \sigma)\big) * I(x, y)$$
$$= L(x, y, k\sigma) = L(\text{x}, \text{y}, \sigma)$$

여기서 D는 가우시안 차분을, G는 가우시안 필터를 나타내며, L은 가우시안의 라플라시안이고, k는 크기 공간에서 각 이미지의 흐림 정도를 결정하는 곱셈 상수다. 크기 공간은 키포인트를 계산할 목적으로 크기를 늘리거나 줄인 이미지 세트로 정의된다. 예를 들어 그림 4는 두 세트의 이미지를 보여준다. 하나는 원래 이미지가 서로 다른 흐림 반경으로 흐려진 다섯 이미지 세트며, 다른 하나는 축소 이미지의 세트다.

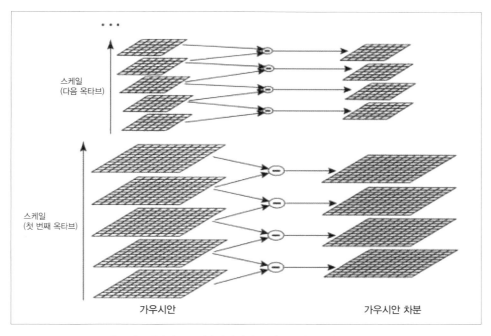

그림 4 가우시안 차분을 계산하기 위해 두 세트의 이미지가 다섯 번 흐려짐

한 옥타브에서 가우시안의 라플라시안 이미지를 생성하기 위해 연속된 두 이미지의 차이를 계산한다. 이것을 가우시안 차분(DoG)이라고 한다. 이 DoG 이미지는 가우시안의 라플라시안을 계산해 얻은 것과 거의 같다. DoG를 사용하면 이미지에 크기 불변을 추가할 수 있다.

이 단계 후에는 다른 크기에서 유지되지 않으므로 중요하지 않은 점들을 필터링할 수 있다. 다음 단계에서는 좀 더 강력한 제약 조건으로 점들을 필터링할 것이다.

키포인트 위치시키기

이 단계에서는 지역 극한점을 찾는다. 다시 말해, 이미지의 특정 영역(즉, 점의 근방)을 가장 잘 표현한 점을 판단한다. 이러한 키포인트를 찾기 위해 각 픽셀을 반복하면서 그 픽셀의 모든 이웃 픽셀과 비교한다. 자, 이제부터 흥미로워지기 시작한다. 지금까지 항상 이웃을 픽셀에 인접한 여덟 개의 픽셀로 생각했지만, SIFT의 경우 이전 여덟 개의 픽셀뿐만 아니라 다른 크기 공간과 옥타브에 있는 아홉 개의 픽셀들도 살펴본다(그림 5 참조). 여기서는 픽셀 값을 26개의 인접 픽셀과 비교한다. 이웃 픽셀 사이에서 최소 혹은 최대 픽셀 값을 갖는다면, 이 점을 지역 극한점으로 선택한다. 일반적으로 픽셀 값을 모든 26개의 값과 비교하는 경우는 거의 없고 단지 몇 개와 비교하면 된다.

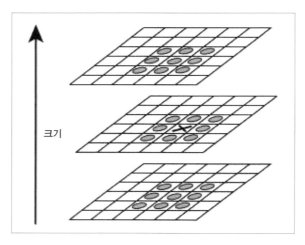

그림 5 x로 표시한 픽셀이 극한점인지 결정하기 위해 초록색으로 표시된 모든 이웃과 비교한다.

하나의 옥타브 속에 있는 맨 위와 맨 아래의 이미지에서는 키포인트를 계산하지 않는데 이는 극한점을 판별할 이웃이 없기 때문이다.

완벽한 극한점을 찾을 때 알고리즘을 더욱 효율적으로 하기 위해 나는 극한점이 정확한 픽셀들 위에 위치하지 않는다는 것을 발견했다. 극한점은 픽셀 사이에 존재할 수도 있지만 이미지에서는 이 정보에 접근할 방법이 없다. 키 포인트가 위치한 곳은 단지 이 위치들의 평균 지점이다. 크기 공간 함수 $D(x, y, \sigma)$의 테일러 급수 전개(2차항까지)를 사용해 현재 지점이 다음이 되도록 조정한다.

$$D(x) = D + \frac{\partial D^T}{\partial x} x + \frac{1}{2} x^T \frac{\partial^2 D}{\partial x^2} x$$

여기서 D와 미분은 현재 극한값을 테스트하는 시점에서 계산된다. 이 수식을 사용해 미분하고 결과를 0으로 설정하면 쉽게 서브픽셀subpixel 키포인트 위치를 추가할 수 있다.

SIFT는 이와 같은 두 개의 극한 이미지를 생성할 것을 권장한다. 따라서 두 개의 극한 이미지를 생성하기 위해서는 네 개의 DoG 이미지가 필요하다. 이 네 개의 DoG 이미지를 생성하려면 다섯 개의 가우시안 블러 이미지가 필요하다. 따라서 한 옥타브에서 다섯 개의 이미지가 필요하다. 또한 $\sigma = 1.6$ 및 $k = 2$일 때 최적 결과가 얻어졌다.

지금까지 첫 번째 단계에서 얻은 점들을 추가로 필터링할 수 있었지만 아직 실제 점들의 수를 보면 상당히 많다. 이 점들 중 일부는 에지에 있거나 실제 대비가 충분하지 않아서 유용하지 않다. 명암이나 밝기 변화에 민감하지 않은 알고리즘을 원한다는 것을 기억하자. 이 문제를 하나씩 풀어보자. 첫 번째는 에지에 있는 점이다. 이러한 점들을 필터링하기 위해 해리스 코너 검출기에서 사용된 것과 유사한 접근 방식을 사용한다(3장 참조).

에지에 있는 키포인트들을 제거하기 위해 그 점에서 서로 수직인 두 개의 그래디언트를 계산한다. 키포인트 주변의 영역은 다음 세 가지 유형 중 하나일 수 있다.

- 영역(두 그래디언트는 작을 것이다.)
- 에지(에지에 평행한 그래디언트는 작지만 직각인 그래디언트는 클 것이다.)
- 코너(두 그래디언트 모두 클 것이다.)인 키포인트를 원하기 때문에 두 그래디언트 값이 큰 키포인트만 허용한다. 이를 계산하기 위해 헤시안 행렬을 사용한다. 이것은 해리스 코너 검출기와 유사하다. 해리스 코너 검출기에서는 두 개의 고유 값을 계산하지만 SIFT에서는 직접 비율을 계산해 계산 시간을 절약한다.

대비에 의해 생기는 문제를 해결하기 위해 다소 간단한 기법을 사용한다. 간단히 현재 픽셀의 값을 미리 선택된 임계값과 비교한다. 임계값보다 작으면 무시된다. 서브픽셀 키포인트를 사용하기 때문에 서브픽셀 위치에서 값을 얻기 위해 테일러 급수 전개를 사용해야 한다.

이 작업을 모두 수행하고 나면 이미지를 설명하는 데 중요하지 않은 점들은 필터링되며, 남아있는 점이 SIFT 키포인트다. 하지만 아직 끝나지 않았다. 지금까지 크기 불변 속성만 다뤘다. 다음 절에서 이 점들을 회전 불변으로 만들 것이다.

방향 할당

지금까지의 과정을 통해 여러 크기에서 검출된 안정된stable 키포인트를 얻었다. 그러므로 크기에 따라 변하지 않는다. 이제 각 키포인트에 방향을 할당하려고 한다. 이 방향은 회전에 따라 변하지 않게 하는 데 도움이 된다. 가우시안 블러로 흐려진 이미지의 각 키포인트에서 크기와 방향을 계산하려고 한다. 크기와 방향은 다음 공식으로 계산된다.

$$m(x,y) = \sqrt{\left(L(x+1,y) - L(x-1,y)\right)^2 + \left(L(x,y+1) - L(x,y-1)\right)^2}$$
$$\theta(x,y) = \tan^{-1}\left(\left(L(x,y+1) - L(x,y-1)\right) / \left(L(x+1,y) - L(x-1,y)\right)\right)$$

크기와 방향은 키포인트 주변의 픽셀 값으로 계산된다. 360도 범위를 포함하는 36단계의 히스토그램을 만든다. 히스토그램에 추가되는 각 샘플은 그래디언트 크기와 키포인트 크기의 1.5배 σ를 갖는 가우시안 가중치 원형 윈도우Gaussian-weighted circular window에 의해 가중치가 적용된다. 다음 그림과 같은 히스토그램을 얻는다고 가정하자.

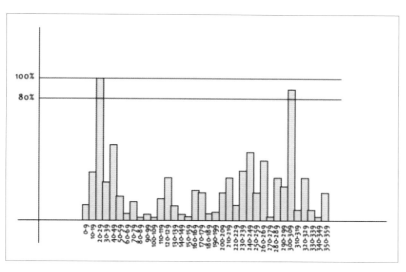

그림 6 여러 방향의 값을 보여주는 히스토그램

특정 키포인트의 모든 인접 픽셀에 대해 이 작업이 완료되면 히스토그램에서 최고점을 얻을 수 있다. 앞의 그림에서는 히스토그램이 20-29의 영역에서 최고점을 갖는 것을 알 수 있다. 그래서 이 방향을 키포인트에 할당한다. 또한 80% 이상을 갖는 모든 최고점은 키포인트로 변환된다. 이 새로운 키포인트는 원래 키포인트와 동일한 위치 및 크기를 갖지만 방향은 새로운 최고점으로 할당된다.

네 번째 단계와 마지막 단계는 키포인트 설명자다.

키포인트 설명자

지금까지 크기와 회전 불변성을 달성했다. 이제 다양한 키포인트에 대한 설명자를 만들어서 다른 키포인트와 구별할 수 있게 해야 한다. 설명자를 만들기 위해 키포인트를 중심으로 16×16 크기의 윈도우를 만들고 4×4 크기를 가진 16개의 윈도우로 나눈다. 이 과정은 다음 그림에서 볼 수 있다.

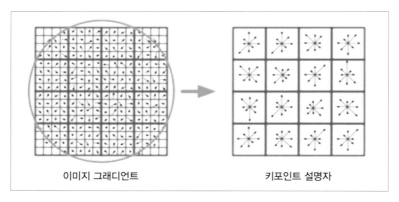

그림 7 설명자가 어떻게 계산되는지 보여주는 이미지

두 이미지에 있는 물체가 똑같은 경우는 거의 없다는 사실을 반영하기 위해 이 작업을 한다. 그래서 계산의 정밀도를 조금 낮추려 한다. 각 4×4 윈도우 내에서 그래디언트 크기와 방향이 계산된다. 이 방향은 여덟 단계를 갖는 히스토그램에 저장된다. 각 단계는 매 45도의 방향을 나타낸다.

이제 고려해야 할 영역이 크기 때문에 키포인트와 벡터들 사이의 거리를 고려해야 한다.

이를 위해 가우시안 가중치 함수를 사용한다. 16개의 벡터를 여덟 단계의 히스토그램에 넣고 이 과정을 4×4 크기의 윈도우마다 수행하면 4 * 4 * 8 = 128개의 숫자를 얻는다. 그리고 이 128개의 숫자를 정규화한다(각 값을 제곱 값의 합으로 나눈다). 이 128개의 정규화된 숫자가 특징 벡터다.

이 특징 벡터를 사용할 때 다음과 같은 원치 않는 의존성이 발생한다.

- **회전 의존성:** 특징 벡터는 그래디언트 방향을 사용한다. 따라서 이미지를 회전시키면 특징 벡터가 변경되고 그래디언트 방향도 영향을 받는다. 회전 독립을 이루기 위해 각 방향에서 키포인트의 회전 값을 뺀다. 따라서 각 그래디언트 방향은 이제 키포인트의 방향에 상대적이다.
- **조명 의존성:** 조명 독립성은 특징 벡터에서 큰 값을 임계 처리해 얻을 수 있다. 따

178

라서 0.2보다 큰 값은 0.2로 변경되고 이 특징 벡터는 다시 정규화된다. 이제 조명에 독립적인 특징 벡터를 얻었다.

알고리즘 관점에서 볼 때는 이것이 전부다. 그런데 좀 전에 다룬 모든 것을 직접 코드로 작성해야 할까? 절대 그렇지 않다. OpenCV는 이 모든 것을 내부적으로 계산할 수 있는 함수를 제공한다. 개발자는 어떤 것도 구현할 필요가 없다.

OpenCV를 사용하는 SIFT의 예제 코드를 보자.

```
import cv2

image = cv2.imread('image.jpg')
gray= cv2.cvtColor(image, cv2.COLOR_BGR2GRAY)
sift_obj = cv2.xfeatures2d.SIFT_create()
keypoints = sift_obj.detect(gray, None)
img=cv2.drawKeypoints(gray, keypoints, image)
cv2.imwrite('sift_keypoints.jpg', image)
```

지금까지 이 절에서 다룬 내용들이 코드 여덟 줄만으로 구현됐다. 먼저 SIFT 특징을 검출할 이미지를 읽는다. 그런 다음 cv2.xfeatures2d.SIFT_create를 사용해 sift_obj를 만든다. 여기서 주목할 점은 SIFT가 OpenCV contrib 모듈에서 제공된다는 것이다. sift_obj를 사용해 이미지의 키포인트를 검출하고 이미지 위에 그린다. 위 코드의 결과는 다음과 같다.

그림 8 이미지 위에 키포인트가 그려진 이미지

키포인트를 찾는 것은 전체 과정 중 절반에 불과하다. 최종 목표는 다른 이미지에서 키포인트를 대응시킬 수 있도록 하는 것이다. 이를 수행하려면 코드를 조금 변경해야 한다. 전체 코드는 다음과 같다.

```
import cv2
import random
image = cv2.imread('image.jpg')
image_rot = cv2.imread('image_rot.jpg')
gray= cv2.cvtColor(image,cv2.COLOR_BGR2GRAY)
gray_rot = cv2.cvtColor(image_rot,cv2.COLOR_BGR2GRAY)
sift = cv2.xfeatures2d.SIFT_create()
kp, desc = sift.detectAndCompute(gray,None)
kp_rot, desc_rot = sift.detectAndCompute(gray_rot, None)
# 기본 파라미터로 BFMatcher 생성
bf = cv2.BFMatcher()
matches = bf.knnMatch(desc,desc_rot, k=2)
# 비율 테스트
good = []
for m,n in matches:
    if m.distance < 0.4*n.distance:
```

```
        good.append([m])
# 대응된 키포인트를 섞음
random.shuffle(good)
# cv2.drawMatchesKnn은 대응 쌍의 리스트들의 리스트를 받는다
image_match = cv2.drawMatchesKnn(image, kp, image_rot, kp_rot, good[:10],
flags=2, outImg=None)
cv2.imwrite('sift_matches.jpg', image_match)
```

이 코드는 두 개의 이미지에 적용시키는 것만 다르고 이전 코드와 매우 유사하다. 두 개의
이미지에서 키포인트를 계산한 후, 서로 대응시키기 위해 모든 값들을 비교$^{brute\ force}$하는
대응 방법을 사용한다. 간단히 표시하기 위해 대응된 점을 섞은 후 대응점 10개만 선택해
화면에 표시한다. 다음 그림은 코드의 출력이다.

그림 9 두 이미지 간의 키포인트 대응을 보여준다.

대응 기법을 사용해 유사한 물체가 두 개의 서로 다른 이미지에 존재하는지 확인할 수 있
다. 이것은 간단한 이미지 검색 응용프로그램을 작성하는 데 사용될 수 있다.

SIFT와 같이, SURF라는 또 다른 알고리즘이 있다. 이 알고리즘은 SIFT가 가진 몇 가지 약
점을 보충하며 더욱 빠르다. 다음 절에서 이에 대해 더 알아본다.

SURF

SURF는 2006년에 Herbert Bay, Tinne Tuytelaars, Luc Van Gool이 제안했다. SIFT는 느리고 계산량이 많다는 단점을 가진다. 이 문제를 해결하기 위해 SURF가 제안됐다. 속도의 증가 외에 SURF가 가지는 다른 이점은 다음과 같다.

- 빠른 관심 지점 검출
- 구분되는 관심 지점 설명자
- 설명자 대응 속도 향상

SIFT나 ORB에서 봤듯이 SURF는 회전, 크기 변화, 조명 변화, 시점 변화에 대해 불변하는 것을 목표로 한다. 다음 절에서는 SURF가 이러한 불변성을 어떻게 모두 달성했고 어떻게 빠르고 효율적이 됐는지 살펴본다. 또한 SIFT와 SURF의 차이점을 알아보고 최적화가 어떻게 이뤄졌는지 살펴보기 위해 SIFT와 SURF를 비교할 것이다.

SURF 키포인트 검출

SURF 키포인트는 Haar 웨이블릿과 유사한 개념을 사용해 계산된다. SIFT에서와 마찬가지로, 가우시안의 라플라시안 대신 가우시안 차분을 이용해 근삿값을 구한다. SURF의 경우 키포인트 검출 단계의 속도를 높이기 위해 적분 이미지(Haar 직렬형 분류기와 같이)를 사용한다. SURF는 다음에 설명할 빠른 헤시안 검출기^{Hessian detector}라는 기술을 사용한다.

키포인트의 위치와 크기를 선택하기 위해 SURF는 헤시안 행렬의 행렬식^{determinant}을 사용한다. 로그 근사를 사용한 SIFT가 잘 동작했으므로 SURF도 로그를 박스 필터로 근사한다. 박스 필터는 가우시안을 근사하고 매우 빨리 계산될 수 있다. 다음 그림은 가우시안 필터를 박스 필터로 근사한 것을 보여준다.

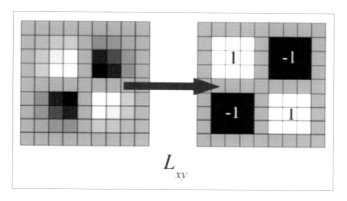

그림 10 SURF에 사용되는 박스 필터

이것은 얼굴 탐지를 위해 Haar 직렬형 분류기에서 본 것과 유사하다.

박스 필터와 적분 이미지를 사용하기 때문에 더 이상 SIFT처럼 반복되는 가우시안으로 부드럽게 하는 작업을 수행하지 않아도 된다. 이미지를 흐리게 하고 크기를 조정해 옥타브를 만드는 대신, 크기가 다른 박스 필터를 적분 이미지에 직접 적용한다. 이미지를 반복적으로 축소하는 대신 필터 크기를 늘린다. 이렇게 함으로써 크기 분석은 단일 이미지만으로 이뤄지고, 이로써 알고리즘을 더 빠르고 쉽게 구현할 수 있다. 앞서 다룬 9×9 필터의 출력은 초기 크기 레이어로 간주된다. 다른 레이어는 점진적으로 큰 필터를 사용해 필터링함으로써 얻는다. 첫 번째 옥타브의 이미지는 9×9, 15×15, 21×21, 27×27 크기의 필터를 사용해 얻는다. 큰 필터는 필터 사이의 간격을 크게 한다. 따라서 새로운 옥타브의 경우 필터 크기 간격이 두 배가 된다(즉, 6에서 12, 24로). 다음 옥타브에서 필터 크기는 39×39, 51×51 등으로 이어진다.

이미지에서 관심 지점을 위치시키기 위해, 여러 크기에서 26개의 이웃 값에 대해 SIFT에서 했던 것과 매우 유사한(그림 5 참조) 비최대 억제를 적용한다. 그런 다음, 크기와 이미지 공간에서 헤시안 행렬의 행렬식 최댓값은 Brown과 다른 사람들이 제안했던 방법을 사용해 보간된다. 모든 옥타브의 첫 레이어들 간 크기 차이가 상대적으로 두드러지기 때문에 크기 공간 보간이 특히 중요하다.

이미지에서 키포인트를 찾은 후에는 이미지 간 키포인트 대응에 사용할 설명자를 생성해야 한다.

SURF 키포인트 설명자

키포인트를 위치시켰으므로 이제 각 키포인트를 다른 키포인트와 다르게 식별할 수 있도록 하는 설명자^{descriptor}를 만들어야 한다. SURF는 SIFT와 비슷한 원리로 동작하지만 조금 덜 복잡하다. Bay와 다른 사람들은 U–SURF^{upright SURF}라고 불리는 회전 불변성을 고려하지 않는 SURF 변형을 제안했다. 많은 사용 예에서 카메라 방향은 다소 일정하다. 따라서 회전 불변성을 무시해 많은 계산을 줄일 수 있다.

먼저 키포인트를 중심으로 한 원형 영역에서 얻은 정보를 기반으로, 다시 만들어낼 수 있는 방향을 고정해야 한다. 그런 다음 선택된 방향에 따라 회전하고 정렬된 사각형 영역을 구성한 후에 SURF 설명자를 추출할 수 있다.

방향 할당

회전 불변성을 추가하기 위해서는 키포인트의 방향이 강인하고 재현 가능해야 한다. 이를 위해 SURF는 x 방향과 y 방향으로 Haar 웨이블릿 응답을 계산한다. 이 응답은 키포인트 주변의 반경 6s를 갖는 원 근처에서 계산된다. 여기서 s는 이미지의 크기(즉, σ 값)다. Haar 웨이블릿 응답을 계산하기 위해 SURF는 웨이블릿 응답을 얻은 후 4s의 크기를 갖는 웨이블릿을 사용하고 여기에 키포인트를 중심으로 하는 가우시안 커널($\sigma = 2.5s$)로 가중치를 적용하는 것을 제안했다. 이 응답은 벡터로 표현된다. 벡터는 횡축 수평 방향의 응답 강도와 종축의 수직 방향의 응답 강도로 표현된다.

60도의 각도를 포함하는 슬라이딩 방향 윈도우 내의 모든 응답은 더해진다. 계산된 가장 긴 벡터가 설명자의 방향으로 설정된다.

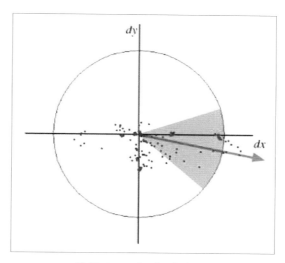

그림 11 SURF 키포인트의 방향 할당

슬라이딩 윈도우의 크기는 파라미터로 주어지며, 이 값은 실험적으로 계산된다. 윈도우 크기가 작으면 하나의 지배적인 웨이블릿 응답이 나오고, 크면 특징을 설명하기에 충분하지 않은 최대 벡터 길이만큼의 값이 나온다. 두 경우 모두 관심 영역에서 불안정한 방향이 계산된다. U-SURF의 경우에는 회전 불변성을 필요로 하지 않으므로 이 과정은 생략된다.

Haar 웨이블릿 응답 기반 설명자

설명자 추출을 위한 첫 번째 단계는 관심 지점을 중심으로 한 사각형 영역을 만들고 이전 절에서 선택된 방향에 따라 회전하는 것이다. 이는 U-SURF에 필요하지 않다. 윈도우의 크기는 20이다. 다음 단계에 따라 설명자를 찾는다.

1. 관심 영역을 5×5 크기로 규칙적으로 배치된 샘플 포인트를 갖는 4×4 크기의 작은 영역으로 나눈다
2. Haar 웨이블릿 응답 dx와 dy를 계산한다(dx = x 방향의 Haar 웨이블릿 응답, dy = y 방향의 Haar 웨이블릿 응답, 사용된 필터 크기는 2s).
3. 관심 지점을 중심으로 한 가우시안 커널로 응답에 가중치를 곱한다.

4. 각 작은 영역에서 dx와 dy의 응답을 각각 더해 32 길이를 갖는 특징 벡터를 만든다.

5. 강도 변화의 극성에 대한 정보를 가져오기 위해 길이 64인 특징 벡터 응답의 절대 값 합을 추출한다.

6. 벡터를 단위 길이로 정규화한다.

웨이블릿 응답은 조명 편향 값(오프셋)에 불변하다. 대비에 대한 불변성(크기 팩터)은 설명자를 단위 벡터로 바꾸는 것(정규화)으로 얻어진다.

실험적으로 Bay와 다른 사람들은 SURF의 변형을 테스트해 더 많은 특징을 추가했다(SURF-128). $dy < 0$과 $dy \geq 0$에 대해 dx와 $|dx|$의 합이 별도로 계산된다. 마찬가지로 dx의 부호에 따라 dy와 $|dy|$의 합이 계산돼 특징의 개수가 두 배로 증가한다. 이렇게 만든 SURF-128은 SURF를 능가한다.

OpenCV와 파이썬을 사용해 이 모든 것을 구현해보자. 다음 코드는 두 이미지의 SURF 특징을 계산하고 키포인트를 대응시킨다.

```python
import cv2
import random
image = cv2.imread('image.jpg')
image_rot = cv2.imread('image_rot.jpg')
gray= cv2.cvtColor(image,cv2.COLOR_BGR2GRAY)
gray_rot = cv2.cvtColor(image_rot,cv2.COLOR_BGR2GRAY)
surf = cv2.xfeatures2d.SURF_create()
kp, desc = surf.detectAndCompute(gray,None)
kp_rot, desc_rot = surf.detectAndCompute(gray_rot, None)
# 기본 파라미터로 BFMatcher 생성
bf = cv2.BFMatcher()
matches = bf.knnMatch(desc, desc_rot, k=2)
# 비율 테스트 적용
good = []
for m, n in matches:
    if m.distance < 0.4*n.distance:
```

```
        good.append([m])
random.shuffle(good)
# cv2.drawMatchesKnn은 대응점 리스트들의 리스트를 입력으로 받는다
image_match = cv2.drawMatchesKnn(image, kp, image_rot, kp_rot, good[:10],
flags=2, outImg=None)
cv2.imwrite('surf_matches.jpg', image_match)
```

OpenCV는 SIFT와 SURF 모두에 똑같은 인터페이스를 제공한다. 이처럼 이전 절에서 한 가지만 제외하고는 SIFT와 동일하다. SIFT 객체를 만드는 것 대신에 SURF 객체를 cv2.xfeatures2d.SURF_create( )를 사용해 만들었다. 그 밖에 이미지 사이에 키포인트를 대응시키는 방법은 완전히 동일하다.

다음은 SURF를 사용하는 키포인트 대응 결과다.

그림 12 SURF 키포인트를 사용해 키포인트 대응을 보여주는 출력

SIFT와 SURF는 유명한 특징 추출 알고리즘이었다. 앞으로는 머신 러닝 기술을 더 많이 사용해 특징을 추출하고 대응시킬 것이지만, 이것을 완전히 이해하려면 기존 이미지 특징들이 어떠한지 이해해야 한다.

▌ 요약

이 장에서는 다양한 상황에서 유용하게 사용할 수 있는 여러 특징 추출 알고리즘을 알아봤으며, Haar 직렬형 분류기를 사용하는 초기 얼굴 검출 알고리즘 중 하나를 살펴봤다. 적분 영상과 Haar 웨이블릿 같은 Haar 직렬형 분류기에서 사용되는 개념은 SURF를 비롯한 많은 알고리즘에서 사용되는 기본 개념이다. 이어서 SIFT와 SURF가 어떻게 동작하는지 이해하고 OpenCV에서 구현하는 과정을 살펴봤다.

다음 장에서는 OpenCV 기술을 확장해 실시간으로 비디오 처리를 수행하는 방법을 살펴본다.

09

OpenCV를 이용한 비디오 처리

지금까지 이미지 처리 방법을 배웠다. 이 단계를 더 진행해 OpenCV 라이브러리를 사용해 비디오를 처리하는 방법을 살펴보자. 예외는 있지만 비디오는 연속된 이미지이므로 비디오를 다루는 것은 이미지 처리 방법과 유사하다. 이 장에서 살펴볼 알고리즘의 대부분은 결국 비디오의 각 이미지에 적용될 것이다. 모션 관련 연구 분야에는 비디오에서 이미지 쌍을 처리하는 옵티컬 플로우^{optical flow}와 같은 몇 가지 알고리즘이 있다. 이 장에서는 비디오의 색상 공간 변환, 특정 색의 물체 검출, 비디오에서의 물체 추적 등의 개념과 기술을 이해하려고 노력할 것이다.

이 장에서는 다음 내용을 다룬다.

- 비디오 읽기/쓰기
- 비디오의 크기 조정 및 색상 공간 변환과 같은 작업

- 색상 추적
- 물체 추적

비디오 읽기/쓰기

이전에 읽은 것처럼 비디오는 매우 짧은 간격으로 촬영된 연속적인 이미지다. 이렇게 해서 보는 사람이 연속적으로 느끼게 한다. 이 절에서는 컴퓨터에 있는 USB 카메라/내장 웹캠을 사용해 비디오를 녹화하는 코드를 작성한다.

비디오 읽기

OpenCV를 사용해 비디오를 읽는 것은 정말 간단하다. OpenCV가 어려운 과정을 처리하므로 파일의 형식(mp4, avi 등)에 대해서는 걱정하지 않아도 된다. 비디오를 읽는 다양한 방법을 제공하며, VideoCapture 모듈의 객체를 사용해 웹캠으로 라이브 비디오를 읽거나 외부 USB 카메라를 사용하거나 컴퓨터에서 저장된 비디오 파일을 읽을 수 있다. VideoCapture( ) 생성자는 정수 또는 파일 이름을 받는다. 정수 인수는 컴퓨터에 연결된 카메라의 ID다. 웹캠을 사용해 비디오를 캡처하는 방법을 살펴보자. 웹캠의 ID는 0이다. 따라서 웹캠에서 비디오를 읽으려면 0을 VideoCapture( )에 전달한다. 다른 모든 USB 카메라의 ID는 1부터 시작한다.

```python
import cv2
cam = cv2.VideoCapture(0)
while(cam.isOpened()):
    ret, frame = cam.read()
    cv2.imshow('frame',frame)
    if cv2.waitKey(1) & 0xFF == ord('q'):
        break
cam.release()
```

```
cv2.destroyAllWindows()
```

이 코드에서는 비디오의 불리언 값과 프레임을 반환하는 read() 함수를 사용한다. 불리언 값은 프레임이 성공적으로 읽혀지면 true고, 그렇지 않으면 false다.

파일을 읽으려면 다음 코드를 살펴보자.

```
import cv2
cam = cv2.VideoCapture("video.mp4")
while(cam.isOpened()):
    ret, frame = cam.read()
    cv2.imshow('frame',frame)
    if cv2.waitKey(1) & 0xFF == ord('q'):
        break
cam.release()
cv2.destroyAllWindows()
```

VideoCapture 모듈은 비디오를 어디에서부터 읽을 것인지 설정하는 등의 기능들을 제공한다.

```
import cv2
cam = cv2.VideoCapture("video.mp4")
cam.set(cv2.CAP_PROP_POS_FRAMES, 1800) # 이것은 시작 지점을 1800프레임으로 설정한다
while(cam.isOpened()):
    ret, frame = cam.read()
    cv2.imshow('frame',frame)
    if cv2.waitKey(1) & 0xFF == ord('q'):
        break
cam.release()
cv2.destroyAllWindows()
```

이 장의 뒷부분에서는 이 코드를 사용해 읽은 이미지를 어떻게 작업하는지 살펴본다.

비디오 쓰기

비디오를 저장하기 위해 OpenCV는 VideoWriter 클래스를 제공한다. 코드 작성을 통해 비디오를 저장하는 데 이 클래스를 어떻게 사용하는지 알아보자. 이 예제에서는 먼저 기본 웹캠에서 첫 번째 이미지를 읽은 후 VideoWriter 클래스를 사용해 파일로 저장한다.

다음은 이 작업을 수행하는 코드다.

```python
import cv2
cam = cv2.VideoCapture(0)
ret, frame = cam.read()
h, w = frame.shape[:2]
fourcc = cv2.VideoWriter_fourcc(*'DIVX')
video_write = cv2.VideoWriter('saved_out.avi', fourcc, 25.0, (w, h) )
while(cam.isOpened()):
    ret, frame = cam.read()
    video_write.write(frame)
    cv2.imshow('video',frame)

    if cv2.waitKey(1) & 0xFF == ord('q'):
        break
cam.release()
video_write.release()
cv2.destroyAllWindows()
```

이 코드에서는 먼저 VideoWriter 클래스의 video_write 객체를 만들고 파일 이름, fourcc, fps, 프레임 크기를 VideoWriter에 전달했다. fourcc는 압축 형식을 나타내는 데 사용되는 네 자리 코드다. VideoWriter 객체를 정의한 후 프레임 단위로 읽고 각 프레임을 write() 함수를 이용해 출력 파일에 쓴다.

코덱에 대한 자세한 내용은 https://en.wikipedia.org/wiki/Video_codec에서 확인할 수 있다.

▌ 비디오에 대한 기본 연산

이제 OpenCV를 사용해 비디오 파일을 읽고 쓸 수 있으므로 비디오에서 수행할 수 있는 다양한 작업을 살펴보자.

그레이스케일로 변환

비디오를 그레이스케일로 변환하는 것은 매우 쉽다. 이미 이전 장에서 이미지를 그레이스케일로 변환하는 방법을 배웠다. 이 지식을 사용해 각 프레임을 그레이스케일로 변환할 것이다. 그레이스케일로 변환하는 것과 마찬가지로 에지 검출/윤곽선 검출과 같은 다른 작업을 수행할 수 있다.

다음은 비디오를 그레이스케일로 변환하는 코드다.

```
import cv2
cam = cv2.VideoCapture(0)
while(cam.isOpened()):
    ret, frame = cam.read()
    gray_frame = cv2.cvtColor(frame, cv2.COLOR_BGR2GRAY)
    cv2.imshow('gray_frame', gray_frame)
    cv2.imshow('original_frame', frame)
    if cv2.waitKey(1) & 0xFF == ord('q'):
        break
cv2.destroyAllWindows()
```

그림 1은 위 코드의 결과다.

그림 1 왼쪽 이미지는 원본 프레임이고, 오른쪽 이미지는 이전 코드의 출력이다.

이제 그레이스케일 비디오를 저장하는 방법을 알 수 있을 것이다(이것은 연습 문제로 남겨둔다).

▍ 색상 추적

이 절에서는 OpenCV를 사용해 비디오에서 색상을 추적하는 방법을 이해하려고 한다. 다음은 비디오에서 노란색을 추적하는 코드다.

```
import cv2
import numpy as np
def detect(img):
    lower_range = np.array([40,150,150], dtype = "uint8")
    upper_range = np.array([70,255,255], dtype = "uint8")
    img = cv2.inRange(img,lower_range,upper_range)
    cv2.imshow("Range", img)
    m=cv2.moments(img)
    if(m["m00"] != 0):
        x = int(m["m10"]/m["m00"])
        y = int(m["m01"]/m["m00"])
    else:
        x= 0
        y= 0
    return(x, y)
```

```
cam = cv2.VideoCapture(0)
last_x = 0
last_y = 0
while(cam.isOpened()):
    ret, frame = cam.read()
    cur_x, cur_y = detect(frame)
    cv2.line(frame, (cur_x, cur_y), (last_x, last_y), (0,0,200), 5);
    last_x = cur_x
    last_y = cur_y
    cv2.imshow('frame', frame)
    if cv2.waitKey(1) & 0xFF == ord('q'):
        break
cam.release()
cv2.destroyAllWindows()
```

이 코드에서는 웹캠에서 비디오를 프레임 단위로 읽고 프레임을 detect() 함수로 넘긴다. 이 detect() 함수는 노란색 범위에 있는 픽셀들을 찾는다. 따라서 lower_range는 검출하고자 하는 색상의 하한을 정의하고 upper_range는 상한을 정의한다. inRange() 함수를 사용해 lower_range 및 upper_range로 정의된 픽셀 값 범위 내의 픽셀들을 찾는다. 이 함수는 그림 2와 같이 임계값 이미지를 반환하고 이 이미지를 사용해 검출된 영역의 좌표를 계산한다.

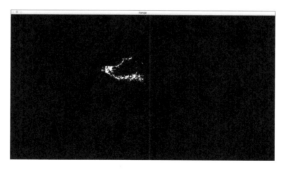

그림 2 inRange() 함수의 출력은 특정 픽셀 값 범위 안에 있는 영역을 찾는 데 사용된다.

좌표를 찾으려면 이미지 모멘트를 사용한다. 이미지 모멘트는 다음과 같이 정의된다.

$$m_{ji} = \sum_{x,y} \left(array(x,y) \cdot x^j \cdot y^i \right)$$

다음 식을 사용해 x 및 y 좌표를 계산할 수 있다.

$$x = \frac{m10}{m00} \qquad y = \frac{m01}{m00}$$

detect( ) 함수가 반환한 좌표로 이미지에서 색의 이동 경로를 나타내는 선을 cv2.line( ) 함수를 사용해 그린다.

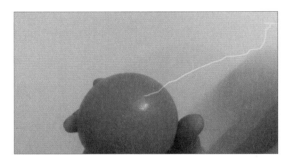

그림 3 색상 추적 코드의 출력을 물체 추적에 사용한다.

색상 추적이 항상 정확하지는 않다. 희미하거나 계속 변하는 조명 환경에서 제대로 동작하지 않을 수 있다. 이 문제를 해결하기 위해 모션 개념을 사용해 물체를 추적하는 좀 더 정교한 물체 추적 방법을 살펴보자.

▌ 물체 추적

이 절에서는 비디오에서 물체를 추적하는 방법을 살펴보자. OpenCV에서 사용할 수 있는 추적기는 다음과 같다.

- KCF

- 루카스 카나데 추적기^{Lucas Kanade Tracker}

- MIL

- BOOSTING

- MEDIANFLOW

- TLD

여기서는 커널화된 상관 필터^{KCF, Kernelized Correlation Filter}를 사용해 객체를 추적할 것이다. 그러나 앞서 언급한 트래커 중 어느 추적기라도 사용할 수 있으며, 각각 장단점이 있다. 경험상 KCF는 일반적으로 잘 동작한다. 가려진 부분이 많으면 TLD 트래커를 사용하는 것이 좋다.

커널화된 상관필터(KCF)

KCF는 어떻게 동작할까? 초기 점들이 주어졌을 때 이 추적기는 이 점들이 다음 프레임으로 어떻게 변하는지 확인해 점들의 모션을 계산하며, 연속적인 모든 프레임에서 이웃한 점들의 모음을 찾는다. 만약 이 점들의 새로운 위치가 확인되면 새로운 위치로 외곽 상자를 움직인다. 이 검색을 좀 더 빠르고 효율적으로 하는 것은 수학에 바탕을 두며, 이에 대한 내용은 이 책의 범위를 벗어난다.

```
import cv2
tracker = cv2.Tracker_create("KCF") # 최신 버전에서는 cv2.TrackerKCF_create()
cam = cv2.VideoCapture(0)
for i in range(5):
    ret, frame = cam.read()
obj = cv2.selectROI("Tracking", frame)
ok = tracker.init(frame, obj)

while True:
    ret, frame = cam.read()
```

```
    upd, obj = tracker.update(frame)
    if upd:
        x1 =(int(obj[0]), int(obj[1]))
        x2 =(int(obj[0] + obj[2]), int(obj[1] + obj[3]))
        cv2.rectangle(frame, x1, x2, (255,0,0))
    cv2.imshow("Track object", frame)
    k = cv2.waitKey(1) & 0xff
    if k == 27:
        break
cam.release()
cv2.destroyAllWindows()
```

앞의 코드에서는 Tracker 클래스를 사용했다. 이 클래스의 Tracker_create() 함수에 인자를 전달해 여러 알고리즘을 사용할 수 있다. 그런 다음 비디오에서 프레임을 읽고 추적해야 하는 객체를 선택한다. SelectROI() 함수를 사용해 프레임의 영역을 선택할 수 있다. 그림 4와 같이 클릭하고 드래그해 추적할 영역을 선택한 후, 스페이스 키나 엔터 키를 누른다.

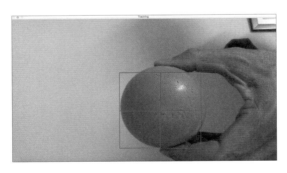

그림 4 추적하려는 객체를 선택할 수 있는 초기 프레임

이 영역의 좌표를 obj 변수에 저장하고 tracker.init() 함수를 사용해 이 물체 좌표로 추적 객체를 초기화한다. 관심 물체로 추적기를 초기화한 후, 프레임 단위로 읽어서 물체의 새 좌표를 반환하는 tracker.update() 함수를 호출하고 새 프레임에서 물체의 위치를 업데이트한다.

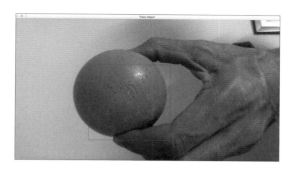

그림 5 추적하는 공에 그려진 업데이트된 상자

 TIP 커널화된 상관 필터에 대한 연구 논문은 https://arxiv.org/pdf/1404.7584.pdf에서 볼 수 있다.

다른 추적 알고리즘인 루카스 카나데 추적기를 살펴보자.

루카스 카나데 추적기(LK 추적기)

LK 추적기는 두 개의 연속된 이미지에서 물체의 움직임이 거의 일정하다는 원리에 기반한다. KCF 추적기와 달리 LK 추적기는 주어진 이미지에서 키포인트를 추출하고 이 키포인트만 다음 이미지에서 추적한다. 이렇게 하는 이유는 두 가지다. 첫 번째는 이미지에 있는 상대적으로 적은 점들만 고려하면 계산이 빠르기 때문이다. 두 번째는 이미지의 키포인트를 추적하는 것은 물체가 강체이므로 물체 전체를 추적하는 것과 유사하기 때문이다.

다음 코드는 LK 추적기의 구현이다.

```
import numpy as np
import cv2
cap = cv2.VideoCapture(0)
# ShiTomasi 코너 검출기의 파라미터
feature_params = dict(maxCorners = 1000, qualityLevel = 0.3, minDistance = 7,
```

```python
                                     blockSize = 5, useHarrisDetector=1, k=0.04)
# LK 옵티컬 플로우의 파라미터
lk_params = dict( winSize =(15,15), maxLevel = 2)
# 임의의 색 생성
color = np.random.randint(0,255, (1000,3))
# 처음 프레임을 읽고 코너 찾음
ret, old_frame = cap.read()
old_gray = cv2.cvtColor(old_frame, cv2.COLOR_BGR2GRAY)
p0 = cv2.goodFeaturesToTrack(old_gray, mask = None, **feature_params)
# 화면 표시를 위한 mask 이미지 생성
mask = np.zeros_like(old_frame)
count = 0 # 얼마나 많은 프레임을 읽었는지 기록하기 위함
while(cap.isOpened()):
    ret, frame = cap.read()
    frame_gray = cv2.cvtColor(frame, cv2.COLOR_BGR2GRAY)
    # 옵티컬 플로우 계산
    p1, st, err = cv2.calcOpticalFlowPyrLK(old_gray, frame_gray, p0, None, **lk_
params)
    # 좋은 특징점 선택
    good_new = p1[st==1]
    good_old = p0[st==1]
    # 추적 내용 표시
    for i, (new,old) in enumerate(zip(good_new, good_old)):
        a,b = new.ravel()
        c,d = old.ravel()
        mask = cv2.line(mask, (a,b), (c,d), color[i].tolist(), 2)
        frame = cv2.circle(frame, (a,b), 5, color[i].tolist(), -1)

    img = cv2.add(frame, mask)
    cv2.imshow('frame', img)

    k = cv2.waitKey(30) & 0xff
    if k == 27:
        break
    # 이전 프레임과 점들 업데이트
    old_gray = frame_gray.copy()
    # 화면이 갑작스럽게 변했을 수도 있으므로 goodFeaturesToTrack 다시 계산
```

```
        count = count + 1
        if count % 100 == 0:
            p0 = cv2.goodFeaturesToTrack(old_gray, mask = None, **feature_params)
        else:
            p0 = good_new.reshape(-1,1,2)
cv2.destroyAllWindows()
cap.release()
```

코드가 복잡해 보이지만 이를 분해해보자. 먼저 코너 검출을 사용해 이미지에서 특징점을 계산한다. SIFT나 SURF와 같은 다른 특징 검출 알고리즘을 사용할 수 있다. LK 추적기는 특징 추출 알고리즘을 선택적으로 사용 가능하다. 일단 특징점이 준비되면 추적을 위해 추적기에 이 점들을 전달할 수 있다. 화면이 크게 변했을 가능성이 있으므로 while 루프에서 특징점을 다시 계산한다.

▎ 요약

이 장에서는 비디오 처리 방법을 살펴봤다. 읽기/쓰기와 같은 비디오에 대한 기본 작업을 수행하는 것으로 시작했다. 그런 다음 색상 공간 변환을 살펴봤다. 동일하게 비디오 크기를 조정하고 에지로 이뤄진 비디오를 만드는 프로그램을 작성할 수 있었다. 그런 다음 드디어 비디오에서 물체 추적을 살펴봤다. 먼저 색을 기반으로 물체를 추적하는 아주 기본적인 기술을 살펴본 후 커널화된 상관 필터 및 루카스 카나데 추적기와 같은 좀 더 정교한 기법을 살펴봤다.

다음 장에서는 사용자가 코드를 작성하지 않고도 이미지에 컴퓨터 비전 기술을 적용할 수 있게 해주는 컴퓨터 비전 서비스의 구축 방법을 알아본다. 사용자가 이 서비스를 사용할 수 있게 해주는 웹 인터페이스를 구축해볼 것이다.

10

컴퓨터 비전을
서비스로 제공하기

최근에 클라우드 컴퓨팅이 크게 발전하면서 인터넷을 통해 더 많은 서비스가 제공되고 있다. 그 전형적인 예가 음악 산업이다. 이전에는 노래와 뮤직 비디오를 컴퓨터에 저장해야 했지만, 이제는 인터넷을 통해 같은 노래를 스트리밍할 수 있다. 클라우드 서비스 사용의 증가는 개발자가 클라우드 인프라를 활용하는 서비스를 개발할 수 있어야 함을 의미한다. 이 장에서는 인터넷을 통해 사용자 입력을 받아 이미지를 처리하고 그 결과를 즉시 사용자에게 다시 보낼 수 있는 컴퓨터 비전 서비스를 어떻게 구축할 수 있는지 살펴본다.

그런데 왜 이런 서비스가 필요할까? 컴퓨터 비전 연구가 발전함에 따라 이미지를 처리할 때 좀 더 강력한 컴퓨터가 필요하게 됐다. 많은 경우에 알고리즘이 계산량을 줄이고 출력 품질 또한 낮게 조정한다(차선의 결과를 얻는다). 이 제한을 극복하기 위해 하나의 강력한 컴퓨터를 많은 사용자가 함께 이용하도록 하면 어떨까? 이렇게 하면 두 가지 이점을 가진다. 하나는 연구자나 개발자가 굳이 비싼 하드웨어를 마련하지 않아도 된다는 것이고, 다른 하나는 개발자가 알고리즘을 다시 구현하지 않아도 되므로 시간과 노력을 절약할 수 있다는 것이다.

이 장은 크게 다음 절들로 나뉜다.

- 컴퓨터 비전 서비스의 구조
- 환경 설정
- 서버–클라이언트 모델 개발
- 컴퓨터 비전 서비스 추가(컴퓨터 비전 엔진)

이 장에서는 다른 장들과 달리 컴퓨터 비전뿐만 아니라 네트워킹 및 서버 클라이언트 모델과 같은 소프트웨어 개발의 다른 측면에 대해서도 다룬다. 구축하려는 서비스의 개요를 이해하는 것으로 시작하자.

▌ 컴퓨터 비전을 서비스로 제공하기: 구조 개요

사용자가 그림을 업로드하고, 이미지에 수행하고자 하는 연산을 선택하고, 서버에서 출력 결과를 얻을 수 있는 서비스를 인터넷에 구축하려 한다. 다음 그림은 서비스의 개요를 보여준다.

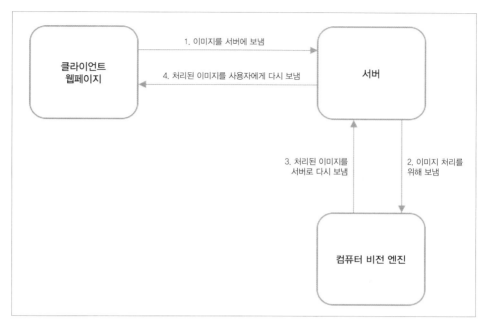

클라이언트
웹페이지

1. 이미지를 서버에 보냄

4. 처리된 이미지를 사용자에게 다시 보냄

서버

3. 처리된 이미지를
서버로 다시 보냄

2. 이미지 처리를
위해 보냄

컴퓨터 비전 엔진

그림 1 정보의 흐름

그림 1에는 세 개의 상자가 있다(클라이언트 웹 페이지 상자에서 시작해 시계 방향으로 레이블링됐다). 첫 번째 상자는 사용자가 상호 작용할 웹 페이지다. 웹 페이지는 이미지 업로드, 연산 선택, 서버로 보내기 기능을 제공한다. 여기서 이미지는 두 번째 상자로 표시된 서버(인터넷을 통해)로 이동한다. 서버는 이미지를 받고, 수행 연산을 결정하고, 세 번째 상자에 표시된 컴퓨터 비전 엔진으로 해당 정보를 전달한다. 컴퓨터 비전 엔진은 이미지에 사용자가 선택한 연산을 수행하고 새 이미지를 서버(두 번째 상자)에 반환한다. 그런 다음 서버는 이미지를 클라이언트 웹 페이지(첫 번째 상자)로 보내고, 이미지는 웹 페이지에 표시된다. 이 장에서는 세 개의 상자 각각을 구현해 완전한 전체 시스템을 완성시킬 것이다.

실제로 구현하기 전에 먼저 환경을 설정하자.

▌ 환경 설정

이전 절에서 봤듯이 세 가지 서비스를 구축하려 한다. 각각을 구현하려면 OpenCV와 scikit-image 이외에 다른 도구와 라이브러리를 설치해야 한다. 다음은 설치할 라이브러리 목록이며, 각각이 필요한 이유가 간략히 설명돼 있다.

- http-server: 클라이언트에게 웹 파일을 제공할 것이다.
- virtualenv: 컴퓨터에 있는 다른 라이브러리와 독립된 환경을 만드는 데 사용된다.
- flask: 서버(두 번째 상자. 그림 1의 시계 방향)를 구현하는 데 사용된다.
- flask-cors: 서버에 cross-origin 요청을 하는 데 사용된다.

http-server

이 도구는 이 장에서 다룰 HTML, CSS, 자바스크립트 파일을 제공하는 http-server를 시동한다. 설치하려면 다음 명령을 실행한다.[1]

```
$: npm install http-server -g
```

virtualenv

컴퓨터에 설치된 다른 라이브러리나 다른 파이썬 버전으로부터 독립된 파이썬 환경을 만드는 데 사용되는 도구다. 이 장을 위해 자신의 가상 환경을 설정할 것이다. 다음 명령은 컴퓨터에 virtualenv를 설치한다.

```
$: pip3 install virtualenv
```

---

1 윈도우에서는 https://nodejs.org/en/download/에서 파일을 받고 npm을 먼저 설치한 후 http-server를 설치한다. – 옮긴이

virtualenv를 설치하고 나면 서비스에서 사용할 폴더를 만들 수 있다. mkdir을 사용해 CVaaS라는 상위 폴더를 만든다. 폴더가 생성되면 다음 명령을 실행한다.

```
$: virtualenv -p python3 CVaaS
```

이 과정을 통해 CVaaS 폴더에 가상 환경을 만든다.

flask

가상 환경을 설정하고 나면 해당 환경 내에 flask를 설치한다.

이전 절에서 생성한 CVaaS 폴더로 이동한다. 폴더에서 다음 명령을 실행한다.

```
$: source bin/activate²
$: pip3 install flask
$: pip3 install flask-cors
```

첫 번째 명령은 가상 환경을 활성화한다. 앞으로 작업할 모든 작업은 이 폴더에서 이뤄진다. 다음 두 명령은 flask와 flask-cors를 설치한다. flask가 제대로 설치됐는지 테스트하려면 다음 명령을 실행한다. 오류가 생기지 않으면 제대로 설치된 것이다.

```
$: python3 -c "import flask"
$: python3 -c "from flask_cors import CORS, cross_origin"
```

flask를 사용해 클라이언트가 서버와 통신하는 데 이용되는 RESTFUL API를 만들 것이다.³

---

2 윈도우에서는 Scripts₩activate.bat를 입력한다. – 옮긴이
3 이후에 제대로 이 서비스를 실행시키려면 pip3 install opencv–contrib–python으로 opencv를 추가로 설치해야 한다. – 옮긴이

flask와 flask-cors를 설치한 후, 두 개의 디렉터리를 추가로 만들자. 하나는 클라이언트 쪽 코드용이고, 다른 하나는 서버 쪽 코드용이다.

```
$: mkdir Client
$: mkdir Server
```

최종 구조는 다음과 같이 보여야 한다. bin, include, lib 폴더가 virtualenv 명령에 의해 만들어졌고, flask 폴더가 flask를 설치한 후에 만들어졌으며, 다른 폴더가 우리에 의해 만들어졌다.

```
├── Client
├── Server
├── bin
├── flask
├── include
├── lib
└── pip-selfcheck.json
```

▌ 서버-클라이언트 모델 개발

이 절에서는 서버 쪽 코드와 클라이언트 쪽 코드를 구현하고 마지막에는 하나로 합칠 것이다. 컴퓨터 비전 엔진은 다음 절에서 추가해본다.

클라이언트 쪽 코드를 작성하는 것으로 시작하자.

클라이언트

클라이언트 쪽 코드의 목적은 사용자가 이미지를 업로드하고 연산을 선택할 수 있도록 인터페이스를 제공하는 것이다. 이를 구현하기 위해 자바스크립트와 HTML을 사용한다. 시작하기 전에 앞서 만든 Client 폴더에 index.html과 index.js 파일을 만들자.

```html
<html>
    <head>
        <script src="index.js"></script>
        <script
src="https://ajax.googleapis.com/ajax/libs/jquery/3.2.0/jquery.min.js"></script>
    </head>
    <body>
        <!-- 이미지 업로드 함수 생성 -->
        <input id="img_src" type="file"/>
        <input id = "load_img_btn" type="button" onclick="loadImage()"
value="Load"/>
        <!-- 이미지 처리 연산을 선택하기 위한 드롭다운 메뉴 -->
        <select id="image_op">
            <option value="to_grayscale">Convert to Grayscale</option>
            <option value="get_edge_canny">Get Edges(Canny)</option>
            <option value="get_corners">Get Corners</option>
        </select>
        <input type="button" id="process_img" value="Process Image"
onclick="processImage()"/>
        </br>
        </br>
        <!-- 이 캔버스는 원본 이미지를 위한 것이다 -->
        <canvas id="local_canvas"></canvas>
        <!-- 이는 처리된 이미지를 위한 것이다 -->
        <canvas id='processed_canvas' src=""></canvas>
    </body>
</html>
```

코드를 분석해보자. 먼저 index.js와 jquery 파일을 포함한다. 서버로부터 데이터를 보내고 받기 위해 jquery 파일이 필요할 것이다. 웹 페이지의 본문에는 두 가지 주요 부분이 있다. 첫 번째는 사용자가 컴퓨터에서 파일을 선택하고 웹 페이지로 로드하는 옵션이 있는 맨 위 행이다. 이미지를 로드하기 위해 파일 선택 옵션 옆에 **Load** 버튼을 제공한다. 그리고 사용 가능한 모든 연산들을 나열하는 드롭다운 메뉴가 있다. 마지막으로 **Process Image**

버튼이 있다. **Process Image** 버튼은 로드된 이미지를 서버에 보내고 서버에서 처리된 이미지의 응답을 기다린다. 다음은 이 웹 페이지 스크린샷의 일부다.

| 파일 선택 | 선택된 파일 없음 | | Load | Convert to Grayscale ▼ | Process Image |

그림 2 웹 페이지 상단 부분의 스크린샷

웹 페이지의 다음 줄에는 두 개의 캔버스 요소가 있다. local_canvas ID가 있는 첫 번째 캔버스 요소는 사용자가 컴퓨터에서 선택한 이미지를 로드하는 데 사용된다. processed_canvas ID가 있는 다른 캔버스는 서버가 다시 전송한 이미지를 표시하는 데 사용된다.

웹 페이지에 넣은 두 개의 버튼을 loadImage( )와 processImage( )라는 두 개의 함수와 연결한다. 이 함수는 버튼을 클릭할 때 실행되며, index.js 파일에 구현된다. index.js 파일에 다음 코드를 복사한다.

```
var fr; // 파일 리더를 저장할 변수
var is_img_ready = false;
// 컴퓨터에 있는 이미지 경로로부터 캔버스에 이미지를 로드하는 함수
function loadImage( ) {
    img_src = document.getElementById('img_src');
    if(!img_src.files[0]) {
        alert('Please select an Image first!')
        return;
    }
    fr = new FileReader( );
    fr.onload = updateImage;
    fr.readAsDataURL(img_src.files[0])
}
function updateImage( ) {
    img = new Image( );
    img.onload = function( ) {
        var canvas = document.getElementById("local_canvas")
        canvas.width = img.width;
```

```
        canvas.height = img.height;
        var ctx = canvas.getContext("2d");
        ctx.drawImage(img,0,0);
    };
    img.src = fr.result;
    is_img_ready = true;
}
function loadProcessedImage(data) {
    img = new Image();

    img.onload = function() {
        var processedCanvas = document.getElementById('processed_canvas');
        var localCanvas = document.getElementById('local_canvas');
        processedCanvas.width = localCanvas.width;
        processedCanvas.height = localCanvas.height;
        ctx = processedCanvas.getContext('2d');
        ctx.drawImage(img, 0, 0);
    };
    console.log(data);
    img.src = 'data:image/jpeg;base64,' + data;

}
function processImage() {
    if (is_img_ready == false) {
        alert('No image to process!');
        return;
    }

    // 서버에 이미지를 보내고 응답을 기다림
    canvas = document.getElementById('local_canvas');
    image_data = canvas.toDataURL('image/jpeg');
    img_op = document.getElementById('image_op');
    op = img_op.options[img_op.selectedIndex].value;

    $.ajax({
        url:"http://localhost:5000/process_image",
        method: "POST",
        contentType: 'application/json',
        crossDomain: true,
```

```
        data: JSON.stringify({
            image_data: image_data,
            msg: 'This is image data',
            operation: op
        }),
        success: function(data){
            loadProcessedImage(data);
        },
        error: function(err) {
            console.log(err)
        }
    });
}
```

코드량이 많은 것처럼 보인다. 코드를 분해하고 그 동작을 이해해보자. 먼저 두 개의 전역 변수를 선언한다. 하나는 나중에 코드에서 사용할 FileReader 객체고, 다른 하나는 이미지를 사용자가 로드했는지 확인하는 데 사용할 is_img_ready다. 이것은 이미지 처리 기능의 확인자gatekeeper로 사용된다. 이미지 처리를 위해 빈 이미지를 서버로 보내지 않아야 한다.

그 후에 보이는 함수는 loadImage( )다. 이 함수는 사용자가 설정한 파일 경로를 가져오고 그 경로에서 캔버스(local_canvas ID)로 이미지를 로드하는 역할을 한다. FileReader 객체를 사용해 사용자의 로컬 파일시스템에서 파일을 가져온다. 동일한 함수에서 FileReader 객체가 이미지 로드를 완료하면 updateImage 함수를 부른다. 이 함수는 loadImage( ) 함수의 도우미 함수다. 캔버스를 업데이트하는 것은 비동기 작업이므로 도우미 함수를 만들어야 한다. 즉, FileReader 객체가 파일시스템에서 전체 이미지를 가져올 때까지 기다린 후에 캔버스를 업데이트할 수 있다. updateImage 함수는 실제로 캔버스를 업데이트하는 곳이다.

다음에 살펴볼 함수는 processImage( ) 함수다. 이 함수는 이미지를 서버로 보내는 역할을 한다. 이미지를 서버에 보내는 것은 쉬운 일이 아니다. 먼저 이미지를 base64 인코딩으로 변환하고 인코딩된 이미지를 네트워크를 통해 보낸다. 그런 다음, 서버는 이미지를 받고 이미지를 선택해 사용한다. 코드에서 image_data = canvas.toDataURL('image/jpeg');
는 이미지를 base64 인코딩으로 변환하는 부분이다. select 태그에서 선택된 연산을 추출
한다. 인코딩된 이미지와 연산 작업에 대한 정보를 얻은 후에 AJAX POST 요청을 사용해
서버로 데이터를 보낸다. url, method, contentType, 실제 데이터를 전달하는 AJAX 요청
을 만든다. 다음은 서버로 AJAX 요청을 보내는 코드다. 데이터를 교환하는 동안 클라이언
트와 서버 간에 올바른 이름 지정 규칙을 따르는 것이 매우 중요하다. 이름에 일관성이 없
으면 제대로 동작하지 않을 것이다.

```
$.ajax({
    url:"http://localhost:5000/process_image",
    method: "POST",
    contentType: 'application/json',
    crossDomain: true,
    data: JSON.stringify({
        image_data: image_data,
        msg: 'This is image data',
        operation: op
    }),
    success: function(data){
        loadProcessedImage(data);
    },
    error: function(err) {
        console.log(err)
} });
```

올바른 AJAX 요청을 작성하는 것은 매우 중요하다. 가장 먼저 전달하는 것은 서버의 URL
이다. 다음 절에서 보겠지만 http://localhost:5000/process_image는 우리 서버에 개발
할 REST API의 URL이다. 다음으로 메소드를 "POST"로 설정한다(다음 절에서 이에 대해 자세
히 다룬다). 또한 contentType 및 crossDomain 파라미터 값을 설정한다. crossDomain 값을
true로 설정하는 것이 중요하다. 그렇지 않으면 CORS 보안 제약으로 인해 서버의 REST
API를 사용할 수 없다. 마지막으로 success인 경우와 error인 경우에 대한 두 개의 콜백

함수를 작성한다. success 콜백 함수는 처리가 완료된 이미지를 서버에서 수신한다. 이 함수에서는 서버에서 보낸 이미지를 가져온 후 두 번째 캔버스(processed_canvas ID)에 표시하는 loadProcessedImage( ) 함수를 호출한다.

다음은 방금 만든 전체 웹 페이지의 이미지다.

그림 3 왼쪽 이미지는 사용자가 로드한 원본 이미지고, 오른쪽 이미지는 서버에서 반환한 이미지다.

지금까지 클라이언트 쪽을 위한 코드를 살펴봤다. 웹 페이지를 원하는 대로 멋지게 꾸밀 수 있지만, 이 책의 목적에 따라 웹 페이지는 최대한 간단하게 유지할 것이다.

다음 단계는 서버를 가동시키고 실행시키는 것이다.

서버

서비스의 서버는 이전 절에서 만든 웹 클라이언트에서 이미지를 가져온 후 컴퓨터 비전 엔진(다음 절에서 다룬다.)에 전달하는 작업을 담당한다. 컴퓨터 비전 엔진은 처리된 이미지를 다시 서버에 반환하고 서버는 이미지를 클라이언트로 다시 보낸다. 따라서 이 기능을 동작하게 하려면 이미지와 연산 방법을 보내는 데 사용할 URL을 클라이언트에 제공해야 한다. 이를 달성하는 가장 일반적인 방법은 REST API를 사용하는 것이다.

REST API에 대해 잠깐 알아보자. 이것은 http-server가 서버에 접근할 수 있도록 HTTP 형태로 제공해주는 것이다. 예를 들어 http-server가 http://www.cvaas.com(이것은 실제로 존재하지 않는 가짜 주소다.)으로 실행되고 있다고 가정하면, http://www.cvaas.com/process_image로 REST API를 구성할 수 있다. 이는 클라이언트가 이 URL에 접근할 때마다 이미지 처리 작업을 수행한다는 의미다. http://www.cvaas.com/is_server_running 주소로 다른 REST API를 구성할 수도 있다. 클라이언트가 이 URL에 접속하면, 서버가 실행 중인지 여부에 상관없이 값을 돌려준다. REST API를 사용하면 서버에 영향을 주지 않고 여러 기능을 노출할 수 있다는 장점이 있다. 따라서 전체 구조를 깔끔하고 쉽게 관리할 수 있다. 이전 절에서 살펴본 AJAX 요청에서 제공된 URL은 이 절에서 구성할 REST API다.

이제 flask를 사용해 자체 REST API를 구현해야 할 때다. flask는 파이썬을 사용해 웹 응용프로그램을 작성할 때 사용하는 작은 프레임워크다.

먼저, 이 장 시작 부분에서 생성한 Server 폴더에 app.py 파일을 만든다. 그러나 최종 서버를 작성하기 전에 flask의 동작 방식을 이해하기 위한 샘플 서버를 작성해보자. 다음은 간단한 'Hello World' 서버의 샘플 코드다.

```python
from flask import Flask
from flask_cors import CORS
app = Flask('CVaaS')
CORS(app)
@app.route('/')
def index():
    return 'Hello World'
if __name__ == '__main__':
    app.run(debug=True)
```

코드를 나누고 각 함수가 무엇을 하는지 이해해보자. 먼저 import Flask를 수행하고, app = Flask('CVaaS')를 사용해 flask 앱을 만들고, 'CVaaS'라 이름을 정한다. 이 예제에서는 응용프로그램의 이름이 중요하지 않지만 의미 있는 이름을 갖는 것이 좋다. 다음 줄에서는 CORS(app)을 사용해 cross-origin 요청을 허용한다. 다른 서버에서 호스팅되는 웹 페이지에서는 REST API를 사용할 수 없으므로 CORS를 설정하는 것이 매우 중요하다. HTTP 서버와 Flask 서버가 동일한 URL에서 호스팅되는 경우 CORS를 설정하지 않아도 된다. flask 응용프로그램을 실행한 후에 서버를 테스트하기 위해 임시 index() 함수를 만든다. 이 함수는 'Hello World' 문자열만 반환한다. 이 함수를 보면 index() 함수 앞에 @app.route('/') 데코레이터가 있다. 이것은 서버에서 가장 중요한 부분이고 사용자가 웹 페이지에서 '/'를 입력할 때마다 index() 함수를 실행하도록 flask 앱에 알려준다.

서버를 시작하려면 터미널에서 다음 명령을 실행한다.

```
$: python3 app.py
```

다음과 같은 내용이 출력돼야 한다.

```
* Running on http://127.0.0.1:5000/(Press CTRL+C to quit)
* Restarting with stat
* Debugger is active!
* Debugger PIN: 206-325-114
```

이는 Flask 서버가 포트 5000에서 성공적으로 실행되고 있다는 의미다. 서버를 테스트하기 위해 웹 브라우저를 열고 http://localhost:5000/를 입력한다. Hello World가 브라우저에 표시된 것을 볼 수 있다. 이는 모든 것이 잘 동작하고 있음을 의미한다. 이것저것 해보기 위해 데코레이터에서 /를 /test로 변경하고 웹 브라우저에서 http://localhost:5000/test를 입력한 후 결과를 확인한다. 'Hello World'와 동일한 출력이 표시돼야 한다.

계속해서 전체 서버를 구축하자. 다음은 전체 서버 코드다. 이 코드를 이 장의 시작 부분에서 작성한 app.py 파일에 복사한다.

```python
from flask import Flask, request
from flask_cors import CORS, cross_origin
import base64
import cv2
import numpy as np
app = Flask('CVaaS')
CORS(app)
def cv_engine(img, operation):
    if operation == 'to_grayscale':
        return cv2.cvtColor(img, cv2.COLOR_BGR2GRAY)
    return None
def read_image(image_data):
    image_data = base64.decodebytes(image_data)
    with open('temp_image.jpg', 'wb') as f:
        f.write(image_data)
        f.close()
    img = cv2.imread('temp_image.jpg')
    return img
def encode_image(img):
    ret, data = cv2.imencode('.jpg', img)
    return base64.b64encode(data)
# 클라이언트로부터 받은 요청과 이미지를 처리하도록 함
@app.route('/process_image', methods=['POST'])
def process_image():
    if not request.json or 'msg' not in request.json:
        return 'Server Error!', 500
    header_len = len('data:image/jpeg;base64,')
    image_data = request.json['image_data'][header_len:].encode()
    operation = request.json['operation']
    img = read_image(image_data)
    img_out = cv_engine(img, operation)
    image_data = encode_image(img_out)
    result = {'image_data': image_data, 'msg':'Operation Completed'}
    return image_data, 200

@app.route('/')
def index():
    return 'Hello World'
```

```
if __name__ == '__main__':
    app.run(debug=True)
```

코드의 전체 구조는 동일하게 유지된다. 앞의 코드에서는 새로운 REST 접근 지점을 추가한다. 앞서 언급했듯이 REST API를 사용하면, 코드의 전체 구조를 많이 변경하지 않고도 REST API를 쉽게 추가하거나 제거할 수 있다.

앞의 코드에서 새로운 함수 process_image( )를 만들고 @app.route('/process_image', methods = ['POST'])를 데코레이터로 설정한다. 이 함수의 데코레이터는 /process_image라는 URL과 HTTP 요청을 위한 메소드를 지정한다. HTTP로 사용되는 여러 가지 방법이 있다. 이 예제에서는 네트워크를 통해 많은 양의 데이터(이미지)를 보내려고 하기 때문에 POST를 선택한다. GET 메소드는 전송하고자 하는 데이터의 양이 많지 않을 때 유용하다. REST API를 처리한 후에 API의 실제 구현을 살펴보자. 함수에서는 먼저 클라이언트가 보낸 요청 속에 유효한 JSON 데이터가 들어있는지 확인한다. 지금 JSON 데이터에 대해 잘 동작하는 서버를 설계하고 있다. 독자는 서버와 클라이언트 간에 데이터 교환을 위한 다른 표준을 자유롭게 사용할 수 있다. 그런 다음 JSON 요청으로부터 수행할 이미지 데이터와 연산 방법을 추출한다. 요청에서 이미지 데이터를 추출한 후 데이터를 read_image( ) 함수로 보낸다. 이미지를 보내기 전에 이미지를 base64로 인코딩했던 것을 기억하는가? 이제 이미지를 다시 디코딩^{decoding}해야 한다. read_image( ) 함수는 이 작업을 수행한다. 데이터를 가져오고 image_data = base64.decodebytes(image_data)를 사용해 데이터를 디코딩한다. 이미지를 디코딩한 후 컴퓨터에 임시 이미지를 만들고 OpenCV를 사용해 이미지를 다시 읽어오면, OpenCV API를 사용해 원하는 작업을 수행할 수 있다. read_image( )가 OpenCV 이미지를 성공적으로 생성하면, 원래 호출된 곳으로 돌아온다. process_image( ) 함수는 cv_engine( ) 함수를 호출하고 클라이언트가 보낸 이미지와 연산 방법을 전달한다. 이 절의 뒷부분에서 이 함수를 살펴볼 것이다. cv_engine( ) 함수가 처리된 이미지를 반환한다고 가정하면, 처리된 이미지를 클라이언트에 다시 보낸다. 처리된 이미지를 가져와서 encode_image( ) 함수를 사용해 base64 인코딩으로 변환한다. 마지막으로 인코딩된 이미지와 성공 메시지를 사용해 JSON 객체를 만든 후 `return result, 200`을 통해 클라이언트로 보낸다. 200은 성공적인 HTTP 요청에 대한 응답 코드다.

서버를 실행하려면 다음 명령을 실행한다.

```
$: python3 app.py
```

지금까지 컴퓨터 비전 서비스를 구축하는 데 필요한 Flask 서버에 대해 다뤘다. 이제 이미지 조작 및 처리를 실제로 수행하는 컴퓨터 비전 엔진을 작성해야 한다.

▌컴퓨터 비전 엔진

이제 퍼즐의 마지막 부분이다! 이전 절에서는 컴퓨터 비전 엔진과 `cv_engine( )` 함수가 어떻게 불려지는지 간단히 살펴봤다. 이 절에서는 이 함수를 다룰 것이다. 문제를 단순히 하기 위해, 이전 절에서 `cv_engine( )` 함수는 이미지를 그레이스케일 이미지로 변환하는 하나의 작업만 수행할 수 있었다. 이 함수에서 서비스에 대한 더 많은 연산을 지원하도록 추가해보자.

먼저, 이미지의 에지를 계산할 수 있는 기능을 추가한다. 이 코드는 다음과 같다.

```python
def cv_engine(img, operation):
    if operation == 'to_grayscale':
        return cv2.cvtColor(img, cv2.COLOR_BGR2GRAY)
    elif operation == 'get_edge_canny':
        gray = cv2.cvtColor(img, cv2.COLOR_BGR2GRAY)
        canny_edges = cv2.Canny(gray, 100, 200, 3)
        return canny_edges
    else:
        return None
```

여전히 코드 구조를 동일하게 유지하고 클라이언트가 전달한 작업이 'get_edge_canny'인지 여부를 확인하는 새로운 if 조건만 추가하고 있다. 여기서는 앞서 생성한 HTML 파일에 설정된 연산 이름이 cv_engine( ) 함수에서 확인하는 연산 이름과 동일해야 한다는 점에 주의해야 한다. 다음과 같이 연산 이름을 정했었다.

```html
<!-- 이미지 처리 연산을 선택하기 위한 드롭다운 메뉴 -->
<select id="image_op">
    <option value="to_grayscale">Convert to Grayscale</option>
    <option value="get_edge_canny">Get Edges(Canny)</option>
    <option value="get_corners">Get Corners</option>
</select>
```

새로운 연산을 추가하고 소벨 에지를 계산해보자. 두 곳을 변경할 것이다. 첫 번째는 클라이언트용 HTML 파일이다. 앞의 코드에 다음과 같이 새 옵션 태그를 추가한다.

```html
<option value="get_edge_sobel">Get Edges(Sobel)</option>
```

두 번째 부분은 서버 코드에 있는 cv_engine( ) 함수다. 코드에 새로운 elif 조건을 추가할 것이다. 추가 내용은 다음과 같다.

```python
elif operation == 'get_edge_sobel':
    gray = cv2.cvtColor(img, cv2.COLOR_BGR2GRAY)
    x_edges = cv2.Sobel(gray, -1, 1, 0, ksize = 5)
    y_edges = cv2.Sobel(gray, -1, 0, 1, ksize = 5)
    edges = cv2.addWeighted(x_edges, 0.5, y_edges, 0.5, 0)
    return edges
```

앞의 코드를 추가해 소벨 에지 검출 기능을 추가했다.

다음은 전체 동작 후의 캐니 연산 출력이다.

그림 4 캐니 에지 검출 동작의 예

원하는 만큼 컴퓨터 비전 기능을 추가할 수 있다. cv_engine( ) 함수와 HTML 파일에 더 많은 조건을 추가하면 된다. 코드의 모듈 구조는 서비스의 다른 기능을 그대로 유지한 채 기능을 추가하고 제거할 수 있게 해준다. 코드에서 문제를 찾기 위해 서비스를 중단하게 되는데, 이 중단 시간을 최소화하는 것은 클라우드 기반 서비스의 중요한 부분이다.

코너를 검출하는 것과 같은 더 복잡한 연산을 구현해보자. 코드의 전체 구조는 동일하게 유지된다. cv_engine( ) 함수에 새로운 elif문을 추가하고, elif문에 다음 코드 행을 추가 한다. 이 코드는 마지막 부분만 빼고는 3장에서 살펴본 해리스 코너의 코드와 비슷하다.

이미지의 코너 픽셀을 계산한 후에는 3장에서와 달리 이미지 위에 코너 픽셀을 표시한다. 3장에서는 matplotlib을 사용해 이미지에 코너 픽셀을 표시하고 이미지를 보여줬다. 모 든 정보를 이미지와 함께 보내려고 하기 때문에 여기서는 그렇게 할 수 없다. 그래서 이미 지 위에 코너를 그린다.

```
elif operation == 'get_corners':
        gray = cv2.cvtColor(img, cv2.COLOR_BGR2GRAY)
        from skimage.feature import corner_harris, corner_subpix, corner_peaks
        from skimage import img_as_float
        from skimage.draw import circle
        import math
```

```
# 이미지에서 해리스 코너를 계산한다. 이 함수는 이미지의 모든 픽셀에 대한 코너 측정 값을 돌려준다
image = img_as_float(gray)
corners = corner_harris(image)
# 코너 응답을 가지고 이미지에서 실제 코너를 계산한다
coords = corner_peaks(corners, min_distance=5)
# 이 함수는 코너가 에지 점인지 아니면 독립된 코너인지 결정한다
coords_subpix = corner_subpix(image, coords, window_size=13)
image_corner = np.copy(image)
for corner in coords_subpix:
    if math.isnan(corner[0]) or math.isnan(corner[1]):
        continue
    corner = [int(x) for x in corner]
    rr, cc = circle(corner[0], corner[1], 5)
    image_corner[rr, cc] = 255 # 이 점을 흰색으로 표시
image = image * 255 + image_corner

return image[4]
```

여기서 주목해야 할 또 다른 중요한 사항은 image = image * 255 + image_corner다. 이미지 값의 범위는 원래 0에서 1이지만, 이를 0에서 255로 바꾸기 위해 이미지에 255를 곱한다. 그런 다음 코너 점을 그렸던 image_corner 이미지를 더한다. 최종적으로는 모든 코너가 흰색으로 표시된 이미지를 클라이언트에게 보낸다.

이 예제의 특별한 점은 이미지와 함께 연산 결과 데이터를 추가적으로 보내는 것이다. 원본 이미지와 코너들의 좌표 데이터를 가지고 있으며, 이 좌표 값은 원래 이미지에는 없던 정보다. 클라이언트에게 이미지만 보내기 때문에 이 모든 정보를 이미지 속에 집어넣어야 한다. ORB 특징을 계산하는 등의 다른 연산이 있는데 이것도 동일한 작업을 해야 할 것이다.

이미지 이외의 추가 데이터를 처리하는 또 다른 방법은 그 데이터를 다시 클라이언트로 보내는 것이다. 그러나 이는 클라이언트의 부담을 증가시킬 것이고, 서로 다른 출력을 처

---

4 이 코드를 제대로 동작시키려면 scikit-image를 설치해야 한다. - 옮긴이

리하기 위해 또 코드를 작성해야 할 것이다. 따라서 이미지 내에서 정보를 보내는 것이 가장 쉽고 간편한 방법이다.

여기서 주목해야 할 점은 모든 기능을 단 하나의 함수 내에서 구현한다는 것이다. 하지만 연산 수가 계속 증가할 때는 권장하지 않는다. 만약 이 함수가 많은 일을 한다고 생각된다면, 각 연산에 대해 다른 함수를 만들고 이 함수들을 cv_engine() 함수에서 부르는 것이 좋다.

▌ 모두 다 합치기

이제 클라이언트 웹 페이지, Flask 서버, 컴퓨터 비전 엔진이라는 세 가지 구성 요소가 모두 준비됐다. 이것들이 어떻게 함께 동작하는지 살펴보자. 이 모든 것을 시작하고 실행하기 위해 다음 단계를 따를 것이다.

클라이언트

index.html과 index.js 파일을 만들었던 클라이언트 폴더로 이동한다. 폴더에서 터미널을 사용해 다음 명령을 실행한다.

```
$: http-server .
```

http-server 명령 다음에 있는 점(.)을 주의해야 한다. 즉, 현재 폴더에 있는 파일을 사용해 서버를 실행한다. 다른 위치에서 서버를 실행하려면 http-server 다음에 적절한 경로를 전달하면 된다. http-server는 포트 8080을 사용해 로컬 호스트에서 시작할 것이다. 서버를 테스트하려면 자주 사용하는 브라우저를 열고 http://localhost:8080/을 입력한다. 그림 1과 비슷한 페이지를 보게 될 것이다.

서버

이 장의 앞부분에서 만든 서버 폴더로 이동한다. app.js 파일 하나만 있어야 한다.

Flask 서버를 실행하려면 터미널을 사용해 다음 명령을 실행한다.

```
$: python3 app.py
```

일단 실행하면, 서버가 로컬 호스트에서 실행 중이지만 다른 포트(기본은 5000)에서 실행되고 있음을 알 수 있다. 에러가 없다면 서버가 정상적으로 실행 중이라는 의미다.

지금 모든 것이 실행되고 있다. 웹 페이지로 이동해 방금 만든 페이지로 여러 가지를 해볼 수 있다.

▌ 요약

이 장에서는 지금까지 책에서 봤던 것과 매우 다른 주제를 살펴봤다. 코드를 작성하고 싶지 않거나 계산을 여러 번(아마도 연구 활동 목적으로) 하고 싶어 하는 사용자에게 인터넷을 통해 어떻게 컴퓨터 비전 서비스를 제공할 수 있는지 알아봤다. 전체 서비스를 웹 클라이언트, Flask 서버, 컴퓨터 비전 엔진으로 크게 나눴다. 그런 다음, 각각의 부분이 최소한의 의존성을 가지도록 구현했다. 모든 부분들을 구현한 후 전부 합쳤다. 각각의 코드가 구조화돼 있어서 합치는 것은 시간이 걸리지 않았다.

앞으로 몇 년 안에 클라우드 인프라가 더욱 발전해서 이러한 서비스가 사용자에게 점점 더 많이 제공될 것이다. 이 장의 내용은 이러한 응용프로그램 구축 방법에 익숙해지는 데 도움이 될 수 있다.

찾아보기

에이콘출판의 기틀을 마련하신 故 정완재 선생님 (1935-2004)

파이썬 3로 컴퓨터 비전 다루기

이미지 인식, 추적, 머신 러닝, 비디오 처리, 컴퓨터 비전 웹서비스

발   행 | 2018년 1월 31일

지은이 | 사우랍 카푸
옮긴이 | 김 정 중

펴낸이 | 권 성 준
편집장 | 황 영 주
편   집 | 조 유 나
디자인 | 박 주 란

에이콘출판주식회사
서울특별시 양천구 국회대로 287 (목동)
전화 02-2653-7600, 팩스 02-2653-0433
www.acornpub.co.kr / editor@acornpub.co.kr

한국어판 ⓒ 에이콘출판주식회사, 2018, Printed in Korea.
ISBN 979-11-6175-106-1
ISBN 978-89-6077-210-6 (세트)
http://www.acornpub.co.kr/book/computer-vision-python-3

이 도서의 국립중앙도서관 출판시도서목록(CIP)은 서지정보유통지원시스템 홈페이지(http://seoji.nl.go.kr)와
국가자료공동목록시스템(http://www.nl.go.kr/kolisnet)에서 이용하실 수 있습니다.(CIP제어번호: CIP2018002221)

책값은 뒤표지에 있습니다.